ナラティヴ探究

ベイトソンから
オープンダイアローグへの
フィールドノート

野村直樹 著

tomi shobo
遠見書房

まえがき

グレゴリー・ベイトソン（Gregory Bateson）の主著 *Steps to an Ecology of Mind* が、『精神の生態学へ』と題して岩波文庫（佐藤良明訳）から新たに出版された。五〇年前サンフランシスコ州立大学のブックストアで二ドル五〇セント出して買ったそのペーパーバックがいま手元にある。帰国してからだいぶ経った二〇〇七年、第一回のベイトソンセミナーを京都で開いた。そして、今年その六十五回目をやはり京都近郊で行った。セミナーでは、この本からどれか一章を取り上げ、参加者が車座に座り意見交換と討論を中心に進める。参加者の専門は多岐にわたる、精神医療、看護、心理臨床、福祉、教育、法律、言語学、社会学、人類学、地域研究、アートなど。心理系ではベイトソンになじみの薄いひとも多いかもしれない。しかし、ことヒトのコミュニケーションに関してならば、ベイトソンを踏まえておいた方がよいとぼくは常々思っている。

ベイトソンの出自は生物学と人類学である。そこからコミュニケーション理論、精神医学、進化論、美学など科学哲学の諸領域を渡り歩いた。それはナラティヴの思想に深く関わり、「双方向性」（mutuality）と「言語的稼働性」（linguistic mobility）という見地からナラティヴを牽引する役を果たす。「双方向性」は頭で理解する概念というより、むしろ語学の習得に近い。社会科学で言う大抵の概念は一方向の「属性言語」でできている、理性、パーソナリティ、発達、権力、疾患、価値観、技能など、つまり個や主体を形容する言葉群である。これはこれなりに言語として成立している。しかし、コミュニケーションの言語は違う。外国語が一朝一夕でマスターできないのと同様、ベイトソンの「関係性言語」も地道ないわば外国語学習を要求する。「言語的稼働性」とはコンセプトが「動き」を持っていることだ。ダブルバインドはコミュニケーションの「動き」を形容した「関係性言語」である。右の「属性言語」を見てみようか、概念が停止しているのがよくわかると思う。ナラティヴは「関係性言語」という文法に沿って話されているので、この文法を無視するとナラティヴは危うくなる。

ナラティヴを多くのひとはふつう誰かの語りとして「一人称」で考える。語りの内容、意義、示唆、主張、矛盾、強調点、などとして。しかし、それでは対象とする個に焦点を当てただけである。ナラティヴは「二人称」の双方向行為であって、例えば、研究者あるいは治療者ならその人もまた分析の対象になるわけだ。患者だけあるいは家族だけの語りを分析しても、それはナラティヴにはならない。ナラティヴはコミュニケーション現象の中でとりわけ言語的側面に光を当てることによって見えてくる、人と人の関係性の動きに関するサイエンスのことである。それは双方向性を基本とするインターアクション、つまりミハイル・バフチンのいうところの対話としてみていくとする認識論が徹底され、それに伴い研究者自身が研究の対象になって初めて出てくる領域である。文学としての物語、村の古老の語り、語り部による昔話、裁判証言の語り、それらはナラティヴと言えなくもないが、それらは昔からあったものである。この新領域が言わんとするナラティヴは、社会的役割を超えて水平な立場での対話が、両者の中にそれまでなかった新たな解釈を生み出し、今まで語られなかった部分、思いつかなかったストーリーライン、新奇なアイデア、大胆な仮説、自分の再発見などを育む行為のことである。「私」自身の変化というリスクを背負った行為のことである。

さて、ポストモダンの思想は、ジャン・フランソワ・リオタールの『ポストモダンの条件』以降、いろんな言葉（例、ポスト構造主義、解釈学的アプローチほか）で表現されてきた。そんな中「ナラティヴ」の一語が最もこの思想の本質を伝えるのに適した概念として広く受け入れられるようになった。一九八八年にアーサー・クラインマンが語りに焦点を当てた医療人類学として *The Illness Narratives*（『病いの語り』）を出版し、同年ハーレーン・アンダーソンとハロルド・グーリシャンが *Family Process* 誌上に Human systems as linguistic systems という画期的な論文を発表した。これによってナラティヴという分野の呼び名とそれを下支えする理論的枠組みが用意されたと言える。その二年後のマイケル・ホワイトとデイヴィッド・エプストンによる *Narrative Means to Therapeutic Ends*（邦題『物語としての家族』）が一連の流れを決定的にした。以後欧米ではナラティヴ旋風が巻き起こることになる。わが国では一九九七年に『ナラティヴセラピー—社会構成主義の実践』が初めてナラティヴの語を冠した本として世に出て以降、「ナラティヴ」は急拡大していった。臨床心理学、社会学、歴史学、人類学、看護学、医学、などの分野に波及した。Narrative-Based Medicine という医学領域も飛び出してきた。「ナラティヴ」という言葉や概念は昔からあったはずなのに、なぜこのタイミングで時代のキーワードとして注目され前面に踊り出たのか。その答えの一部はやはりベイトソンにあるとぼくは考える。

一九八〇年代までにはアメリカの社会科学の分野は、時期をずらしながらも、ほぼすべての分野がポストモダン思想の洗礼を受けることになった。人類学においては、クリフォード・ギアーツの『文化の解釈学』（一九七三）をもって応答することになるが、文化人類学それ自体が植民地支配の視座から抜け出ていないとして、その根本から存在意義を問われた時代でもある。フィールドワークの認識論に危機を抱いた人類学者ヴィンセント・クラパンザーノは、あるモロッコ人と自分との肖像画を『精霊と結婚した男』（一九八〇）に描いた。民族誌上、記念碑的な作品である。歴史学におけるヘイドン・ホワイトの『メタヒストリー』（一九七三）や精神分析学のドナルド・スペンスの『*Narrative Truth and Historical Truth*（物語的真実と歴史的真実）』（一九八二）などもポストモダンの潮流への応答として挙げられ、いずれもそれぞれの分野に再考を促す名著とされた。

家族療法（Family therapy）もまた同じ潮流の中にあった。低迷と行き詰まりの中での試行錯誤から八〇年代後半に至ってようやく光が見えはじめた。その先陣を切ったのが前述のアンダーソンとグーリシャンであった。六〇年初頭から家族療法が大事にしてきたベイトソンの認識論がポストモダン思想の到来を受けて、「治療としての会話、語り」という方法論が編み出されていった。ナラティヴを学問分野として格上げしたのは家族療法である。ホワイトとエプストンの貢献により、「ナラティヴセラピー」つまり「人生という物語を書き換えることが治療」であるとするわかりやすい理論が、「ナラティヴってこういうことなのか」と誰でも分かるような図式で目の前に提示されたことによって、一気にこの概念が使い勝手のよい合言葉として愛用されることとなった。グーリシャンの弟子ノルウェイのトム・アンデルセンは、治療者チームを家族の観察対象にしてしまう先駆的な家族療法に乗り出した。社会科学のありようを変えうる画期的な枠組みの提供である。

しかし、そうして名前が浸透した分、一方でナラティヴはいくぶんその鋭利さを欠いてしまったかもしれない。ナラティヴ理論の表層的な特徴を自らの分野の都合に合わせて取りこむことで、ベイトソン由来の文法、使い方があることが忘れられがちになる——「なんでもナラティヴ」として見ることができるから、と。しかし、ナラティヴはもともと治療に関する分野のじつに切実な危機感から生まれた。それは広い意味での治療的コミュニケーションに関する理論のことと言ったらよいだろう。ただ、その背後に控えているのは、既存の科学の状況を変えようとする意気、新しい価値観、認識論、世界の見方である。家族療法がナラティヴという治療論に行き着いた背景には、先ほどの「双方向性」と「言語的稼働性」、すなわち「関係性言語」があったからと言ってよいだろう。それをもしバフチン流に言い換えれば、言葉は対話の中でその生きた応答として生まれ、評価と応答を含むやりとりの中で主体性を獲得する、となる。そして、「関係性の中で生きている言葉」が対象へ働きかけるその仕方は、ひとつとして同じではない、弾力的でしばしば見通すことも困難であるが、新たな着想や見解を育む可能性を秘める。ベイトソンとバフチンの考え方は見事に一致するため、現在の家族療法の最先端のオープンダイアローグは、ベイトソンとバフチンをその祖先に据えている。言葉は対話の中で生まれる、と聞いたらびっくりするのは言語学者だけではないだろう。これらの思想の徹底は、驚くほど革命的である。

ナラティヴの認識論は、外側からの観察による言説ではなく、内側からの参加経験に基づく説明を頼りにする。そして、それらを聴いていく構えを大事にする。したがってそこでは双方向で水平な会話が可能となるための工夫が必要となるが、「あなたの知っていることを私は知らないので教えてください」という好奇心をもって臨む「無知の姿勢」(Not-knowing)が、会話を成立させる最も有効なスタンスであることをグーリシャンは発見した。おそらくこの発見こそ、ナラティヴ理論の実践としてのもっとも見事な到達点であり、会話の中で生きているわれわれへの永遠の贈り物である。「無知の姿勢」は、会話の過程に現れてくる数々のセンサーによって観測される複雑な情報源から導かれ、単純なスケールによる数字には還元できない。また、それは質的かつローカルで豊かな二人称世界で起こる事件を扱うための方法論でもあり、治療的対話のみならず質的調査全般にも当てはまる哲学的スタンスである。

この本の各章は大方そのようなスピリットで書いたつもりではあるが、このまえがきも含め、読者のみなさんの忌憚のないご批判をいただけたら大変嬉しく思う。本にするにあたり遠見書房の山内俊介さんには大変お世話になった。この場を借りて深くお礼を申し上げたい。

野村直樹

目　次

ナラティヴ探究

第1章

オープンダイアローグを「知の形式」として

ベイトソンの系譜から

「オープンダイアローグの祖先はベイトソンとバフチンである」
——カリ・ヴァルタネン kari valtanen

ニュートン（1642-1727）は、ガリレオ（1563-1642）が亡くなった年に生まれた。そのガリレオとニュートンが生きた時代を合せると十七世紀の全体が覆われる。それ以降が近代科学の快進撃の時代である。現在私たちは科学的なものと非科学的なものとを、いとも簡単に区別する。迷信やオカルト的なものは、もてはやされたとしても、科学的とはみなされない。政治判断も、経営判断も、医療判断も、占星術や易をもとにはしない、少なくとも表向きは。

ところが、ルネサンス期またはヨーロッパで錬金術が盛んだった頃は、そうとは言えなかった。ものと心は区別しにくかった。主体（観る者）と客体（観られる者）をはっきり区別しにくかった。区別ができなかったわけではない——区別しない方がよかったのだ。そして、M・エリアーデ（Eliade, 1949）が言ったように、人々は円環的時間の中に生きていた。月日は巡って元に戻る。しかし、人は生まれ、成長し、老いる。これは、直線的ではないいか、われわれの時計時間のように？　もちろん、人生が直線的に見えなかったわけではない―それだけとして見ない方がよかったのだ。

近代科学は、テクノロジーが哲学になった思想体系のことである。新しい技術を手中に収めることが目標となり、それが生き残りの鍵を握る。匠の技《わざ》、工芸、民芸、秘伝などは、一種テクノロジーであり大変貴重なものだが、それが近代科学にならない理由は、「その人」の関与が求められる点にある。どんなアートでも、人と技術は切り離せない――造形が作者と一体であり、ものと作者の心が区別できない。区別しない方がよいのだ。

しかし、近代科学の誕生にはこの区分けが欠かせない。作る人と作られる物が一体であったら大量生産、科学知識は望めない。主体と客体の分離、観る者と観られる者との分離、そして、心と身体の分離。この二元的な区分けに決定的な役を果たしたのが、ルネ・デカルト Descartes, R.（1596-1650）である。デカルトも十七世紀の前半を生きたが、彼の功績は物理学、数学を超える。確かにデカルトは幾何学をものごとが正しいかどうかの判断基準に据え、数こそが頼りになる基準と考えた。複雑な幾何学問題も細分化すると、分解され、補助線を使い単純に証明の連鎖が可能になる。複雑そうに見える問題もそうして解かれる。世界はこうして知れると考えたのがデカルトである。

デカルトの『方法叙説』（1637）は、一人称で書かれた感動的な書物である。寒いドイツの冬、ひとり炉部屋で思索をかさねて、「我思う、ゆえに我あり」という哲学の第一原理を言い当てた彼は、天にも昇る気持ちであったろう。これで世界を理解し始める礎ができた、と。わからなければ、対象を半分に切る。さらに半分にする。分解する。そうすれば測定が可能になる。その測定可能になったものを集めれば、全体がわかる。この思考モードが、どれだけ現在の私たちの世界観となったかを考えたとき、デカルトの影響力を思い知る。

デカルトのこの思考モード――分ける、測る、寄せ合わす――は、操作的かつ機械的であり、観る者は自分つまり主観から切り離された対象と向き合う（Berman, 1981）。理解の要は、測定できるか否かにかかり、計れないものは存在しない。この思考はまた実験という「知の形式」と相性がいい。「自然を追い込み、答えを吐かせる」というベーコン Bacon, F. の思想に通じ、われわれの環境、自然、宇宙までもが、生命をもたず終わりも意味もなくただ動いている物体群として捉えられた。テクノロジーをもってすれば、自然はその秘密を明かす。「自然を拷問台にかける」と言わんばかりのベーコンの思想下では、実験者の心も自然の流儀に任せてはならない――心も機械のように動くことが要求される。

この世界観が今日の利便性をもたらしたことは事実である。一方で自然破壊とそれに伴う生物種の減少、人類の生存までも危うくする原発被害、大量破壊兵器の拡大につながったことも否定できない。デカルトから三五〇年後、二元論が矛盾の増大にもつながることを人々が気づき始めた頃、グレゴリー・ベイトソン Gregory Bateson（1904-1980）によって新しい科学の輪郭が示された。デカルトの変換として、ベイトソンの特徴は、①自然を生きたものとして捉える、②心と身体を一体に捉える、③観察者を内側の者として捉える、に集約されよう。ベイトソン以外にも新パラダイムの形成に関わった者はいるが、モリス・バーマン（Berman, 1981）に従い、デカルト的パラダイムからベイトソン的パラダイムを対比するというシンプルな手順で説明したい。

（1）生物はそれぞれに適した環境で自らの世界、ユクスキュルの言う「環世界」を形づくり生活圏とする（Uexkull & Kriszat, 1934）。そこでは、「生物＋環境」が生存の単位となるから、環境を破壊する生物は自らを破壊することになる。人間も例外ではない。「生物＋環境」なる生存ユニットは、フィードバックするコミュニケーション・システムであり、生物は環境に働きかけ、環境は生物に応答する。共に進化（共進化）する過程という意味で、その環境は生きている（Bateson, 1972; pp.454-471）。森の動物たちとその生態系は、両者がお互い生存を支えあう。

（2）精神（mind）は、身体とそれ以外のコミュニケーション回路全体に行き渡る。杖をもつ盲人のこころ配りは、自分の身体という皮膚内に終わらない――彼女の心は「身体＋杖」のコミュニケーション回路全体に内在する。なぜなら、彼女は杖からの情報を元に歩尺を決め歩調をとるからである。ベンチに腰掛けて杖を脇に置けば、その皮膚内のみに心が通う。杖をとって歩き出したら、杖を含む歩行全体が精神性を「帯びる」（Bateson, 1972; p.465）。心は、コミュニケーションするまたは対話する全体に通い、サイバネティクスで言う回路全体にフィードバックが想定できるのと同義である。工学的現象を、実感できる概念へ架橋し翻訳したところにベイトソンの面目躍如がある。「自己」の境界条件が変わる。

（3）事象や出来事の意味は、観る者との関係で同定される（Bateson, 1972, 1979）。その関係はコンテクスト（文脈、状況、関係、タイミングなど）と言われる。例えば、「統合失調症」は医療者という第三者の体系（コンテクスト）からの命名なので、当事者は異なる捉え方をするだろう（参照＝浦河べてるの家、2005)。出来事はコンテクストとともに理解可能となるが、どんな科学的言明もそれ自体が真であることはない――誰が観た真かである。量子論で観察者次第で現象が異なって現れるのはその例である。「参加する科学」(Berman, 1981)の枠組みでは、主体は内側にいるから、「光とは何か」ではなく「あなたにとって光は何か」となり、観察者と被観察物という二項対立がゆるむ。観察者を外から内にもってきて展開する科学を、文科系では「ナラティヴ・ターン」(Anderson et al., 2013)、理科系では「内部観測」(松野、2016)の言葉で表す。

これらを礎石に据えたとき、科学はその様相を変える。例えば、「物質」「データ」「現象」などの言葉は、観察者を第三者として切り離した二分法である。具体的な語り手が見えない。対話するというオープンダイアローグの世界観からも不自然である。新たなパラダイムは古いパラダイムを包含しても排除するのであってはならないが、意識的かつ目的にのみ則した行為は、これは合理性とは言え、直線的であり、循環する全体を見渡すことができない。では、新たなパラダイムは具体的にはどのようなものか、ファミリーセラピー(家族療法)の領域で説明してみる。

ファミリーセラピーはベイトソンから多大な影響を受けた。そのダブルバインド理論は、コミュニケーション言語(関係性言語)でもって、それまで個体言語でしか表現できなかった病理現象を、関係という言語によって記述、解釈できることを証明した。関係性言語で病理が記述できるのなら、その言語でもって治療もできるのではないか。そこから新しい治療法、すなわちファミリーセラピーの手法の数々が躍り出た。

ふつう私たちは個人と個人がまずあって、その上で関係が結ばれると考える。これは、「我思う、ゆえに我あり」の思考モードの延長でしかない。「我」の存在は絶対である。しかし、コンテクストとフィードバックに基づく思考モードでは――たとえ実感するのが難しいとはいえ――関係が主役であって、個は脇役である（物理学にも、重力や時間／空間の一体化のように実感が難しいものは多い）。生き続け、進化していくのは、この関係性の方である。進化する主体も「生物＋環境」というユニットであり関係項である。

この視点を愚直に受け取りファミリーセラピーは進化した。生きる主体は関係項、つまり現在進行するコミュニケーションの連鎖であること、そこでは精神と身体を分離する必要のないこと、それに関わる人は「三人称で語る観察者」ではなく「一人称の参加者」であること。ここに心が回路全体を、つまり会話する全体を一つのシステムとして捉える認識論ができあがる。これがナラティヴ・セラピーである。ファミリーセラピーにこれができたのは、どの領域よりもこの認識論を深く理解したからであろう。そこでは、個人ではなく、会話、対話という関係が主役になり、専門家としての治療者が仕切る個人療法との決別がある。

これを鮮やかにやってみせたのが、老練なファミリーセラピスト、ハロルド・グーリシャン Harold Goolishian だった。一九八八年の彼らの論文「言語システムとしてのヒューマン・システム」（Anderson et al., 2013）に至って、ベイトソンに埋め込まれていながら後継者が十分掘り起こさなかった部分、つまり内側にいる観察者の存在が言語化できる道筋が描かれた。言葉や会話の中にいるという視点でもって、三人称ではなく一人称の記述になるとしたのがナラティヴであり、当事者研究とも通じるものがある。

グーリシャンのこの会話への姿勢を象徴するのが「無知の姿勢」（Not-knowing）というスタンスである（Anderson et al., 1992）。「無知の姿勢」は、医療の専門家が患者に対し「私は病気の体験については無知なので、どうか教えてください」と言って、患者やクライエントを「経験専門家」と捉える状況をいう。その場合、続けられる会話そのものが治療的となる。医療者が理解途上に留まること、すなわち患者を理解し続けようというのが、患者にとって治療的と考える。何かを助言したり処方したりという「原因」が快方という「結果」につながる、という因果論は採用されない。

グーリシャンの言葉を借りるなら、「私たちの視点は、ひとつの観察、ひとつの問題、ひとつの理解、ひとつのセラピー、そのどれを取ってみても、私たちが参加するコミュニケーションの現場には特有でユニークなものがあるというところにある」(Anderson et al., 2013; p.78)。近代科学が目指した客観性と一般化（同じ統合失調症ならAさんもBさんも基本は同じ）というパラダイムは崩れ去っている。このような思想的文脈においての「無知の姿勢」がいかに強力なものであるか想像できるだろう。統合失調症の治し方とは？これは問いの立て方が間違っている。

同様の動きは医療人類学でも、医師で人類学者、クラインマン Kleinman, A. による『病いの語り』(1988)に見られる。専門家が病気を外側から名付ける「疾患」(disease)を、当事者が内側から語る経験「病い」(illness)から分けたのは、二分法でありながらわかりやすく、ナラティヴの位置を明確にした。「疾患」と「病い」が対等に向き合うとき、医療の歯車は回り始める。以来、『ナラティブ・ベイスト・メディスン』(Greenhalgh & Hurwitz, 1998)や『ナラティブ・メディスン』(Charon, 2006)などの展開につながった。このように内側からみた世界がどのようなものかの探求は、フィールドワークをとおして人類学者が追い求めてきたものでもあった。

一方、ナラティヴが理論的に大きな影響を受けたのが、ロシアの文芸理論家、ミハエル・バフチン Bakhtin,

M.（1895-1975）である。バフチンは、ドストエフスキーの小説世界を「ポリフォニー」（多声楽）という概念でまとめ、対話の意義、生きた言葉（会話における言葉）がもつ不確定性、創造性について探求した（Bakhtin, 1995, 1996）。中でも注目は、言葉に染み込んだ他者の声が響く様を見事に理論化したことだ。文芸の理論であるバフチンの『小説の言葉』（1996）や『ドストエフスキーの詩学』（1995）が、ベイトソン由来の認識論と出会い、合致した意義は大きい。両者が架橋されたとき、ナラティヴおよびオープンダイアローグの基本理論はほぼ描かれたと言っていい。

グーリシャンの言葉と呼応するように、バフチン（1996）はこう表現する。「生きた言葉がその対象へ関係するしかたは、ひとつとして同じではない。言葉と対象、言葉とそれを語る人格との間には、同一の対象、同一のテーマに関する異なる、他者の言葉の、弾力的で、しばしば見通すことの困難な、媒体がひそかに介在している」（p.39）。私たちは、覚えた言葉を機械のように発話するのではない。言葉は、対話の中で、その生きた応答として生まれる。言葉の意味は、「他者の言葉」と対話的に作用し合うなかで決められ変化していく。

ここでいう「他者の言葉」は、目前の相手の言葉に限らない――古の言葉、故人の言葉、周り人の言葉、使うどの言葉にも「足跡」が残っている。「いつとなく大宮人の恋しきに　桜かざししけふもきにけり」（源氏物語）と須磨に流された光源氏が詠んだのは、「ももしきの大宮人はいとまあれや　桜かざして今日も暮らしつ」（和漢朗詠集）という山辺赤人の詠みを踏まえている。言葉には先人の心が木霊しているが、それは古典文学に限らない、私たちの日常には他者の声が多声的に響いている。バフチンは、「われわれの言語活動は、他者の言葉に遍く満たされている」（p.52）と表現し、グーリシャンは、「私たちは会話の中に生きている」(p.58)と述べた。

フィンランドにおけるオープンダイアローグの立役者のひとり、精神科医、カリ・ヴァルタネンの冒頭の言葉に戻ってみよう。オープンダイアローグの祖先は、ベイトソンとバフチンの二人に遡るという。その上で、これをベイトソンとバフチンの視点から眺めてみよう。オープンダイアローグは、確かにひとつの治療形態に結びついたが、「ことはそれだけではない」とも言えそうだ。open という言葉にも、dialogue という言葉にも、精神療法だけに、という限定的意味合いは感じられない。狭義では、臨床の一形態としてのオープンダイアローグということだろうが、広義では、デカルト的パラダイムと異なる「知の探り方」(a way of thinking)、「科学の語り方」(scientific discourse)として捉えてよいのではないだろうか。「科学」は語られることで顕われるのだから。


個人の体験としてここまで「物語としての歴史」(White, 1981)を綴ってみたが、オープンダイアローグの導入にあたり、一点おさえておきたい。対等で水平な対話環境が持ちやすい西洋と違い、日本では権威の偏りから会話自体の偏りがあらわになることが多い。医師や専門家に付与される権威は大きい。二者関係である限り権威はなかなか薄まらないので、数名以上での対話が適当かもしれない(斎藤、2015)。日本での「寄り合い」の伝統をみてみると、「寄り合い」の議長(畔頭、百姓代、区長など)が、村内の推薦または持ち回りで決まるのであれば、小地主と小作人の階級差はあれ、やりとり自体は対等に近かった(宮本、1984)。そこで、以下のガイドラインも水平性が前提であることを強調しておきたい。

北欧からのオープンダイアローグにみる原則(Seikkula & Arnkil, 2006)には、①開かれた質問をすること、②クライエントの発言に応答すること、③今この瞬間を重視すること、④多様な観点を明るみにすること、⑤症状より相手自身の言葉と語りを重視すること、⑥ミーティング中にスタッフ同士が言葉を交わすこと、⑦透明であること（スタッフのみで患者の話をしない）、⑧不確かさに耐えること、などが含まれる。これらは総括的な指示だが、上の理論的系譜をその出自としている。

「開かれた質問」は、専門家が自分の仮説を確かめる質問とは異なり、相手の「環世界」を、非言語を含め理解しようとする「無知の姿勢」が基本となる。多様な考えを多声的に呼び込み、システムの部分に与えられる自由（言語的可動性）を確保する。「クライエントへの応答」や「この瞬間の重視」は、会話そのものが生きていて、今の発話が次の発話を想定して、現在進行していく様は、会話も、ダンスも、他の相互作用も同じであることを意味する。〝Here and now〟（いまここ）を踏み外して会話もダンスもない。会話は一種の「ダンス」とみなしていいだろう（Hall, 1983）。

「多様な観点」とは、医学の言葉の絶対視ではなく、それを一つのストーリーとして他の諸々と同価値に見ていくことの言い換えである。「多様な観点」で間違いやすいのは、「誰それはこう述べている」と会話の外から知識を持ち込むときである。多様であっても、権威的な言葉として持ち込まない配慮が必要だ。会話内に留まるとそこから自然に出て行けるからだ。「相手の言葉の重視」とは、言葉にはさまざまな足跡があり、発話自体がポリフォニックだという認識とともに、外側からの言葉で輪郭（理解）を描かないことである。相手の言葉を矛盾も含め理解することにある。間違いやすいのは、相手の言葉の暗の意味（メタ・メッセージ）を読もうとすることだ。それでは決局自分の意味になってしまうから。

「ミーティング中のスタッフ同士の言葉がけ」は、対話の参加者にメッセージは遍く届き、二者関係に限定されないことの忠実な実行であり、リフレクティング（Andersen, 1991）の名で知られている。患者が独り語りに終始したら、オープンダイアローグではなく、「独演会」になってしまう。ここで言う「透明性」とは、本人が参加してはじめて、意義あるメッセージになるという意識に他ならない。参加の文脈から離れて、「××とは何か？」は、その人の生きる現実と関係ない。

「不確かさへの寛容」とは、参加する部分にとって、全体のすべてを知り尽くすことはできない、という哲学的スタンスのことである。知の不完全性こそ、知の源であり、知が完全だと認識されたらそこで対話は終わる。言葉も仕草も発せられるたびに、一つひとつが次のメッセージのコンテクスト（文脈）になり、意味を明らかにしていく。状況の曖昧さについていくとする伴走は、コントロールする、取り仕切る、というのと異なる。

以上を俯瞰したとき、オープンダイアローグがベイトソンのサイバネティクなコミュニケーション理論とバフチンの文芸を元にした対話理論にしっかり着地していることが認められるだろう。その形成に理論と実践で貢献したすべてをここで述べたわけではないが、オープンダイアローグは実に盤石な理論の上に立っていると考えていい。デカルト的パラダイムから離れていく具体策の一つとしてオープンダイアローグが位置づけられたらよいだろう。その射程は、臨床実践ばかりか、学術会議のあり方、授業の進め方、ビジネス・ミーティングのもち方、裁判員裁判、国会審議など、いずれが対象になってもおかしくないと思う。私たちは「会話する」という特徴を備えた生き物《いもの》である。「科学の語り方」や「知の形式」が進化の時をむかえたのかもしれない。

文　献

Andersen, T.（1991）*The Reflecting Team: Dialogues and Dialogues about the Dialogues.* New York, Norton.（鈴木浩二訳（2001）リフレクティング・プロセス―会話における会話と会話（新装版 2015）．金剛出版．）

Anderson, H. & Goolishian, H.（1992）The client is the expert: A not-knowing approach to therapy. In: McNamee, S. & Gergen, K. (Eds.): *Therapy as Social Construction.* London, Sage Publications.（野口裕二・野村直樹訳（2014）ナラティヴ・セラピー―社会構成主義の実践．遠見書房．［旧刊　金剛出版，1997］）

アンダーソン，H・グーリシャン，H・野村直樹著／訳（2013）協働するナラティヴ―グーリシャンとアンダーソンによる論文「言語システムとしてのヒューマンシステム」．遠見書房．

Bakhtin, M.（望月哲男・鈴木淳一訳，1995）ドストエフスキーの詩学．ちくま書房．

Bakhtin, M.（伊東一郎訳，1996）小説の言葉．平凡社．

Bateson, G.（1972）*Steps to an Ecology of Mind.* Chicago, Chicago University Press.（佐藤良明訳（2000）精神の生態学．新思索社．）

Bateson, G.（1979）*Mind and Nature: A Necessaryunity.* New York, EP Dutton.（佐藤良明訳（2006）精神と自然．新思索社．）

Berman, M.（1981）*The Reenchantment of the World.* New York, Cornell University Press.（柴田元幸訳（1989）デカルトからベイトソンへ―世界の再魔術化．国文社．）

Charon, R.（2006）*Narrative Medicine: Honoring the Stories of Illness.* Oxford University Press.（斎藤清二ほか訳（2011）ナラティブ・メディスン．医学書院．）

デカルト，R（1637，三宅徳嘉・小池健男訳，2005）方法叙説．白水社．

Eliade, M.（1949）*Myth of the Eternal Returns.* Paris, Librairie Gallimard, NRF.（堀一郎訳（1963）永遠回帰の神話．未来社．）

Greenhalgh, T. & Hurwitz, B.（1998）*Narrative Based Medicine.* London, BMJ Books.（斎藤清二ほか訳（2001）ナラティブ・ベイスト・メディスン．金剛出版．）

Hall, E. T.（1983）*The Dance of Life: The Other Dimension of Time.* New York, Anchor Press.（宇波彰訳（1983）文化としての時間．TBSブリタニカ．）

Kleinman, A.（1988）*The Illness Narratives.* New York, Basic Books.（江口重幸ほか訳（1996）病いの語り．誠信書房．）

松野孝一郎（2016）来たるべき内部観測―一人称の時間から生命の歴史へ．講談社．

宮本常一（1984）忘れられた日本人．岩波文庫．

斎藤環（2015）オープンダイアローグとは何か．医学書院．

Seikkula, J. & Arnkil, T.（2006）*Dialogical Meetings in Social Networks.* London, Karnac Books.（高木俊介・岡田愛訳（2016）オープンダイアローグ．日本評論社．）

Uëxkull, von J. & Kriszat, G.（1934）*A Stroll through the Worlds of Animals and Men.* New York, International Universities Press.（日高敏隆・羽田節子訳（2005）生物から見た世界．岩波文庫．）

浦河べてるの家（2005）べてるの家の当事者研究．医学書院．

White, H.（1981）The value of narrativity in the representation of reality. In: Mitchell, W. J. T. (Ed.): *On Narrative.* Chicago, University of Chicago Press.（海老根宏・原田大介訳（2001）物語と歴史．リキエスタの会．）

第２章

Ｅ系列時間とベイトソン

はじめに

一九八九年に国文社から出版されたモリス・バーマンの『デカルトからベイトソンへ』が、こんど文芸春秋社（2019）から復刊されたこと、ご存知でした？　ぼくはベイトソン本人に出会う前から『精神の生態学』（"*Steps to an Ecology of Mind*", Bateson, 1972）を教科書で与えられ、以来それに親しんできましたが、『デカルトからベイトソンへ』というこの本のタイトルは、私が長い間思っていたことを「一言で言い表した！」まさに衝撃でした。しかし、ものごとを理解するためには、対象をいくつかに分けて、それを測り、その部分を集めて評価します。国語、算数、理科などに分けて、試験して、総合点で合否を決めます。また、消化器系、循環器系、呼吸器系などに分けて、測定し、データを総合して健康状態をチェックする。この「分ける」「測る」「寄せ集める」は、およそデカルトが教えてくれたことです。この方策なしには現代人はやっていけないかに見えます。この思想を下支えするのが、時間の概念、つまり時計や時間割やタイムスケジュールに表される近代時間だと思います。行為や現象から離れて――空間から遊離し――独立して自走する時計の時間。人の生活に必須と思われるこの近代時間ですが、再吟味の必要はないのでしょうか？　それが単に近代の Dominant Story（支配的な物語）にすぎないかもしれないのに。

Ⅰ　時間は区切り

ベイトソンは時間の問題に深入りしなかったものの、それに接近する考え方と道具をくれています。つまり、コミュニケーションから時間を考えていく道筋です。時間というものがあってそれを測っているとすれば、それは一般的な物理学者の接近法に近いでしょう。一方、時間は記号体系、言語だと捉えるとすれば、コミュニケーション的見方になります。誰も時間を見た人はいませんね。時間とは、もしかして、壮大な物語ではないのかという憶測が生まれます。どんな時間もなんらかの「区切り」（punctuation）によって構成されるので、時間はその区切りの連続、つまり系列だと考えていいでしょう。音楽では連続してビートを打っていく行為がリズムを作っていきます。そのリズムが音楽する際の時間です。

『精神の生態学』の中に、「形式・実体・差異」（Form, Substance, and Difference）という論文があり、その脚注に以下の指摘があります。

Or we may spell the matter out and say that at every step, as a difference is transformed and propagated along its pathway, the embodiment of the difference before the step is a "territory" of which the embodiment after the step is a "map." The mapterritory relation obtains at every step.（p.461）

要約すると、「差異の知らせが変換され情報として回路に流れるときに、ステップ（区切り）の一つひとつがくる前、そこはterritory（土地）に相当し、そのステップの後はそこがmap（地図）になる。「地図－土地」関係はすべてのステップ（区切り）に認められる」となります。

何を言っているかというと、例えば、地図を作製するとき、標高１００ｍと２００ｍの所に等高線を引くとしましょう。すると、二つの標高の間には土地（山）はあるけど、線は引かれていません。つまり、線を引いて「区切る」ことで実際の土地は線で表した記号に置き換わります。そのように記号に置き換わって地図（map）になることを「ステップ」と言い、線を引く前は土地だったものが、線を引いて地図上の等高線になった後は地図となる。しかし、もちろん地図はどこまでも地図に過ぎないから土地そのものと混同してはならないわけです。

原文に下線で示したbeforeとafterはまさに時間的な表現です。そこで、これをそっくり時間に当てはめます。すると、ベイトソンの言うステップは、時間の区切り（punctuation）に置き換わり、時を区切る行為が時間という地図を生んでいくことになります。区切る行為が時間を生成するとしたら、どうなるでしょう？　一つには、時間は実体ではなく意味を伴い区切ることを単位とする記号システムということになります。そして、二つ目、その記号システムでは区切り方の違いが異なる時間システムを生み出すことが論理的に導かれます（野村ほか，2015 ; Nomura & Matsuno, 2016a ; 野村，2016, 2019）。

記号論として時間をまとめて表にすると次の四つの区切り方が想定できるかと思われます（表１：Nomura & Matsuno, 2016b ；野村，2018 ；Nomura et al., 2018, 2019）。それぞれが異なる文法をもっていて、Ａ

系列は、区切る人が自分自身であり、過去、現在、未来という時制をもとにして時間を区切る主観的な行為のこと。計時者は自分自身です。B系列は、近代時間のこと、区切る者は自分ではない。では誰か？ 物理学者になるでしょうか。現在は、秒が時間の単位とされセシウム原子時計によって一秒の長さが決められています。客観的とされ世界中で同期した時間のことです。2時、3時、4時という具合に前後関係は示すものの、過去、現在、未来などの時制は示せない無時制の時間です。C系列は、紙の上に書かれた時間というのがわかりやすいです。時刻表やカレンダーには時間は書かれていますが、それ自体動きません。舞台の台本や楽譜も時間に沿って書かれていてC系列であるし、書かれてなくても認知モデルのように内在するものもこれに含まれるでしょう。そして、E系列は、二人かそれ以上の人で歩調を合わせたり、合唱したり、会話したり、協働して時を刻む場合です。重い物を二人で持ち上げるとき、いち、にの、さん！と呼吸を合わせてタイミングを計ります。この time-ing は、時計を見てやってはいません。しかし、time を ing している時間行為として考えてみてください。これらをまとめると、表1のようになります。。

II　タイミング

E系列時間は、表1にあるように相互調整（co-adjusting）という文法に則った系列時間です。両者がタイミングを調整し続けるあいだ続く時間と言い換えてもいいでしょう。ペアダンス、合唱、二人三脚、会話、どれもタイミング合わせという行為の上に成り立ちます。子犬のじゃれ合いも、鳥の集団飛行も、狩りをするライオンのチームプレイも、蚊柱も、他の個体とのタイミング合わせという時間操作によって成立します。この時間がE系列時間です。すなわち、時計の時間（B系列）でもなく、自分個人あるいは個体の時間（A

表１　時系列のまとめ

意味を形成するシステムとしての時間（Nomura et al., 2018, 2019）

時間	A系列の時間	B系列の時間	C系列の時間	E系列の時間
文法（句読点のモード）	時制（過去 - 現在 - 未来）	連続（前／後）	配列	相互調整
コード（時計）	主観的で内面化された個々のコード	客観的で外在化された全体的なコード	静的で非行動的なコード	同期する関係のコード
計時の方法	記憶と期待によって	全体的な同期によって	計時しない	ローカルな同期によって
計時者	一人称の主体	三人称の観察者	計時者なし	二人称の交渉者

系列）でもなく、スケジュールによって決められた止まった時間（C系列）でもありません。交渉（インターアクション）の上に区切られていく対話的性格を帯びた時間です。このE系列時間は、「予期」（anticipation）、「予想」（prediction）という特徴を含みます。例えば、会話の中で相手に頷くときを思い浮かべてみましょう。相手が言葉を言い終えて、それを理解してからこちらが頷くのではないですね。もっと早い段階で頷いているはずです。相手の陳述を聞いてそれを頭で理解した後に、「うん」と頷いたのでは、相手は話すリズムを狂わされてしまいます。また、会話も間延びして失速してしまうでしょう。私たちは相手の結論を待たず、予想して前もって頷いているのです。

するとと、変なことが起っているのに気づきます。私たちが頷く原因が未来にあるということです。結論を待たずに頷く私たちは、近い未来に相手はこのように言い終えるだろうという予想のもとに今頷く行為に及んでいるわけなので、その原因は未だ見ぬ近未来にあります。ふつうは、原因があって結果が時間的に後に来ますね。E系列時間、つまりタイミング合わせにおいては、逆因果性（retro-causality）が働くのです。でも、よく

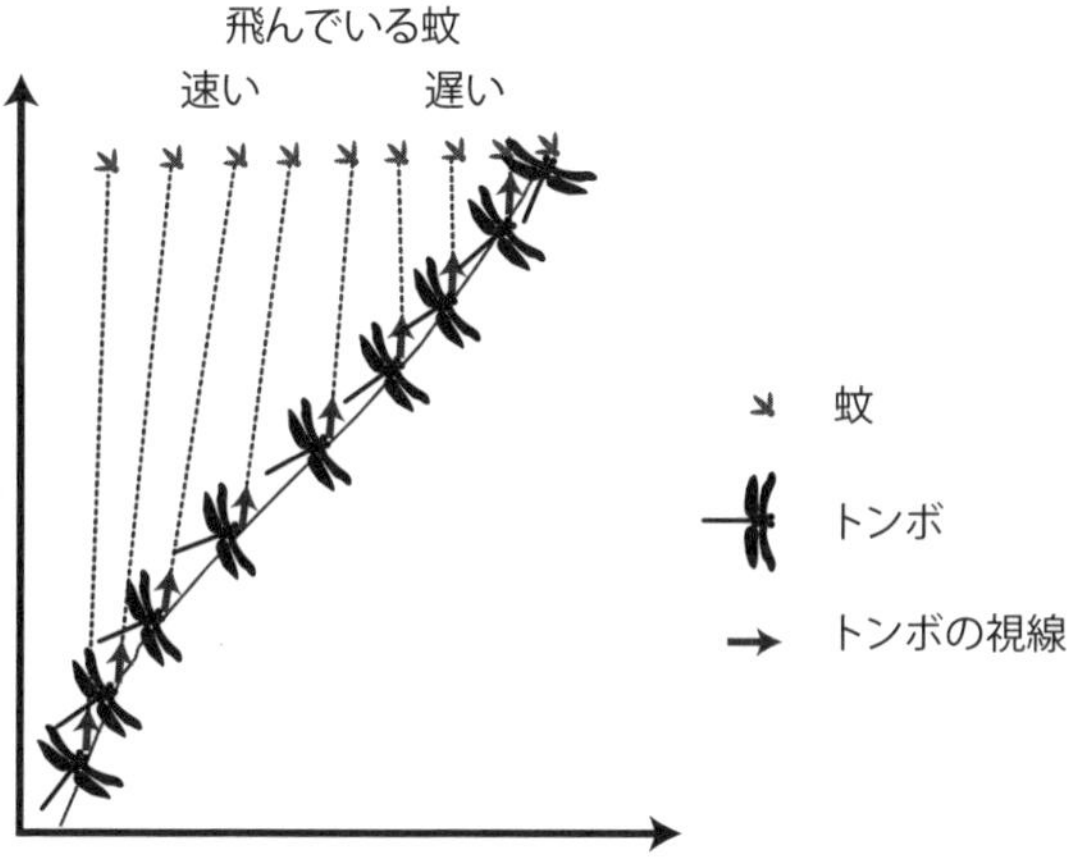

図1　獲物を狩っている間のトンボの頭と身体の動き。未来の攻撃に備えて身体の位置を調整しながら ターゲットをみつめる (Mischiati et al., 2015).

考えてみると、巷は逆因果性だらけです。目的に向かって動くとき、その目的は未来にありますから、未来が原因になっているのが了解できるでしょう。

図1をご覧ください。これはトンボが蚊を捕らえるときの動き(軌道)を図式化したものです。トンボは飛んでいる蚊の動きを動体視力に優れた眼で追いながら、脚から（下斜めの方角から）接近します。その際、捕獲の前にトンボは自分の体を蚊の軌道に沿うよう調整し、そして、捕らえる際は蚊の次の動きを予測して先回りして捕らえます。

タイミング合わせには予期、予想の要因が必ず関わってきます。するとこの時間操作は、予期、予測という意味を伴った意味生成（meaning-making）プロセスということになります。昆虫であっても、生物であるからにはこのような時間操作をこなしているわけです。

図2は一定速度の先導車のうしろ約5mを二人の走者が付いていくのを示しています。先導車‐走者間の距離は決められた約5mをいくぶん上下しながら維持して行きます。この際の約5mは取り決めであるとすると、それは予

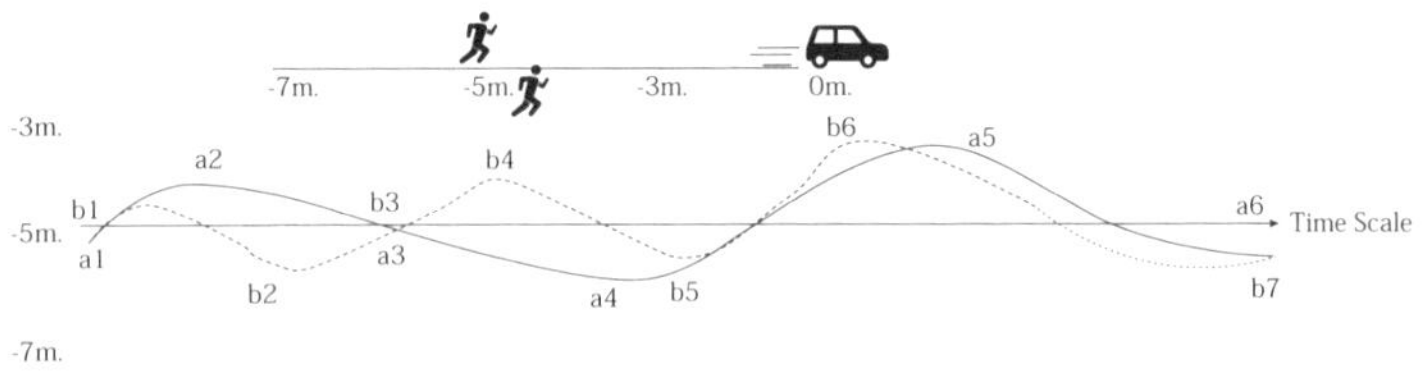

図２　先導車と２人の走者の距離の変化。水平線は時間スケールを意味し，縦方向は先導車との５ｍの距離を示す。a, b の文字は特定の点から車までの距離を表す（Nomura et al., 2019）

期モデルとなり行為の原因となります。ここでも逆因果性がはたらき、５ｍから外れた過去の逸脱は帳消しとなり、今の走りに影響する原因にはなりません。今の走りの原因を作っているのは、５ｍの取り決めであり未来の予期モデルです。これも先に原因があって今の結果があるとする普通の因果論とは異なります。ここでは決められた距離を維持しようとする予期（anticipation）という意味プロセスが時間捜査の中心です。

　このようにE系列時間にあっては近未来の予期、予測という要因が絡んできて、世界中で同期する標準時間（ＳＴ）とは違って、その時その場所でコミュニケーションに関わる参加者同士がインターアクティヴに決めていきます。つまり、決められた同期ではなく同期を模索していくトライアル・アンド・エラーの過程、これを「同期化」と言いますが、同期化という学習状態にあると言えるのです。このトライアル・アンド・エラーは、ベイトソンの言うところの学習Ⅰです。

　さて、タイミング合わせはE系列時間の特徴なのです。ふつう私たちは名詞としてタイミングという言葉を使っています。でも考えてみると、ingがついて timing であることから、もともと動名詞、つまり time という動詞に ing が付いたと捉えてもよいはずです。ウェブスター辞典を引くと、他動詞として「テンポ、スピード、持続を設定する」という定義が見つかります。「彼女は上手にテ

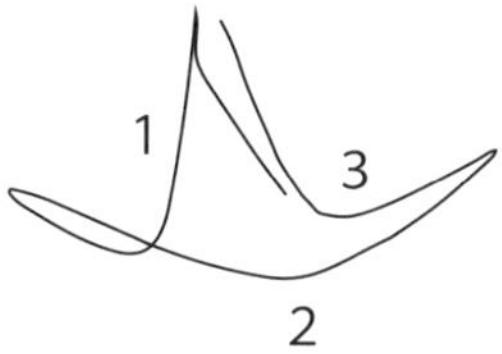

図3　三拍子

ンポを合わせた」という表現は、time + ing という動詞表現です。E系列時間は、この動詞表現に基づいています。

例えば、三拍子でタクトを振る場合を考えてみましょう（図3）。

音楽の時間であるこの三拍子は、ある一定のリズムを刻みますが、機械的に1、2、3とは出てはきません。人がタクトを振る場合、メトロノームとは違って、周りから影響を受けるばかりでなく、1は強く振り下ろされ、3は弾みをつけて1につなげる準備にかかっています。3の弾みづけを音楽ではアップビートと言い、1の振り下ろしをダウンビートと言います。これがまさに time + ing している姿です。機械や時計のカチカチとは違いますね。こうやって生物は時間を計っているとすれば、それは明らか意味のプロセスであり、1の振り下ろしを予測して3で準備するという、予測の連鎖によって運転されて行きます。このタクト振りがもし演奏とともにあれば、演奏とタクトは相互作用の中でお互いがリズムを合わせ、相互調整をとおしてタイミング合わせというE系列時間を刻むことでしょう。

次に図4の円環をみてください。例えば、これは7人の人がロープを時計回りに回す図と想像してみましょう。ロープをスムーズに全員が回し続けるためには、回す方向は反時計回りではいけません。また、一人の参加者がロープにしばらくしがみついていてもまずいです。自分の右隣の人から来る送り幅とスピードを考慮して左隣の人に渡していくことが求められます。一人だけ早回ししても全体は早くはな

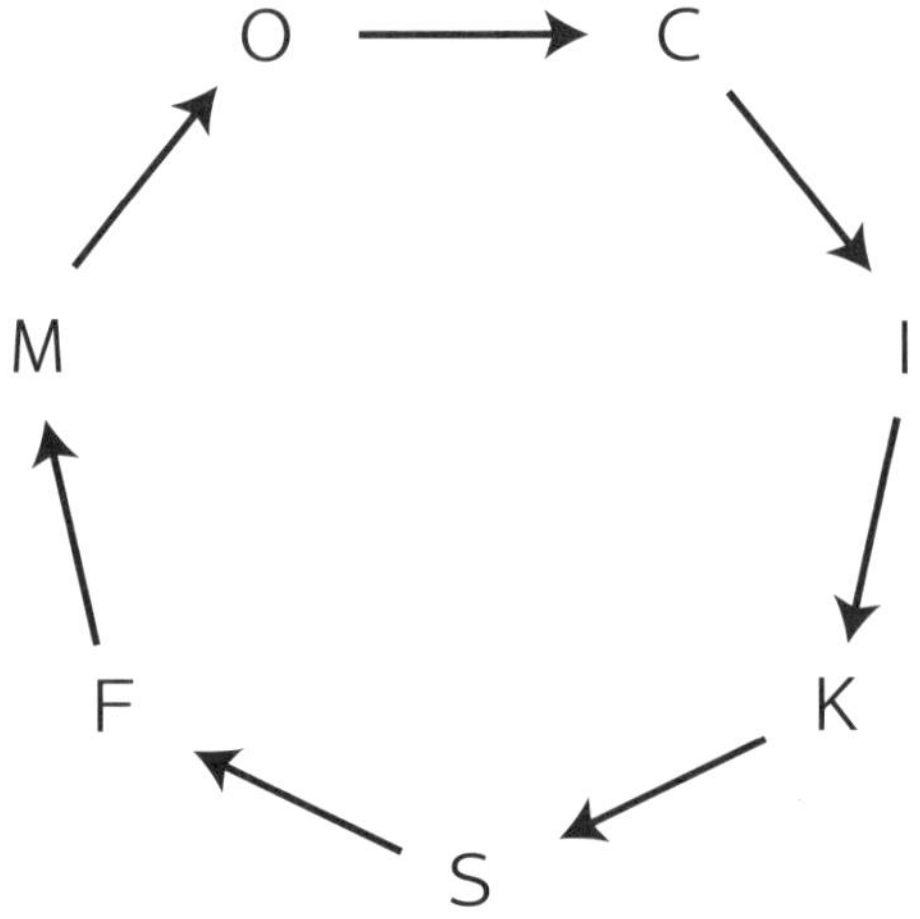

図４　トランスフォーメーションの回路

りません。このように大きなシステムの部分としてある個体がタイミング合わせに参加していく、それがtime＋ingしているE系列時間の動きです。

　ロープを自分の右から左へと送る所作には、アップビートとダウンビートが含まれます。ロープを送ることがアップビート、ロープを受け取ることがダウンビートと考えるとわかりやすいでしょう。この際、受け取りという行為は一つの仕事の確認として、前のベイトソンの引用にあった「ステップ」であり、ここで言う「区切り」に相当します。さらに、これまたベイトソンが提言したことですが、Report（報告）とCommand（命令）というコミュニケーションにおける二つの側面とも符合します。パラレルの関係とみなしてもいいです。つまり、ロープの受け取りは、行為の完了を「報告」するものであり、ロープの移動は「受け取りなさい」という「命令」に相当するからです。さらに、またロープの移動は「現在進行形」、そしてその受け取りを「現在完了形」という時制で捉えることで、時制の変換に関わるE系列時間の特徴が見えてきます。B系列の時計時間は、いつも現在形でのみ表現される無時制の時間だったのを思い出してみてください。

おわりに

時間とベイトソンのお話、いかがでしたか？　植物の多くは春に花を咲かせます。それらの長日植物にとって、夏は暑過ぎて花がもたないので種子として夏を超す戦略を立てています。では、春のタイミングをどう予測しているのでしょうか？　つまり、春のタイミング合わせは、夏至に向かってだんだん短くなっていく夜の長さを測っているからだと言われています。もちろん、温度も関係するでしょう。ここでぼくが言いたいことは、植物がもつこの時計は、三月二十七日がぼくの誕生日だから毎年何かするという具合にB系列時間に則って行われるという類のものではないということです。それは、地球環境やローカルな地性との関係で決められていくテンポ、time＋ingという性質をもった時計に依るという点です。これらを時間生物学では生物時計と呼びますが、生物時計の時間はE系列なのです。

文　献

Bateson, G.（1972）*Steps to an Ecology of Mind.* Chicago, Chicago University Press.（佐藤良明訳（2000）精神の生態学．新思索社．）

Berman, M.（1981）*The Reenchantment of the World.* New York, Cornell University Press.（柴田元幸訳（1989）デカルトからベイトソンへ―世界の再魔術化．国文社［復刊版 2019，文芸春秋社］．）

Mischiati, M., Lin, H., Herold, P., Imler, E., Olberg, R., & Leonardo, A. (2015) Internal models direct dragonfly interception steering. *Nature*, 517; 333-338.

野村直樹（2019）対話・音楽・時間―近未来から届く言葉たち．臨床心理学，19(5); 518-523.（本書所収）

Nomura, N., Matsuno, K., Muranaka, T., & Tomita, J.（2019）How Does Time Flow in Living Systems?: Retrocausal Scaffolding and E-series Time. *Biosemiotics*, 12(2); 267-287.

野村直樹（2018）共創の時狭間―素の時間、二人称の時間、E系列の時間．こころと文化、*17(2)*; 142-148.（本書所収）

Nomura, N., Muranaka, T., Tomita, J. & Matsuno, K.（2018）*Time from Semiosis: E-series Time for Living Systems.* Biosemiotics, 11(1); 65-83.

Nomura, N., Matsuno, K.（2016a）Synchronicity as Time: E-Series Time for Living Formations. *Cybernetics & Human Knowing,* 23(3); 69-77.

野村直樹（2016）父と娘の対話による学び―時間はひとつか．*Culture, Energy & Life*, 113; 36-39.

Nomura, N., Matsuno, K.（2016b）E-series Time as Prolegomena to Mc Taggart's A-and B-series Time. 名古屋市立大学大学院人間文化研究科人間文化研究紀要、25; 1-5.

野村直樹・橋元淳一郎・明石真（2015）E系列の時間とは何か―「同期」と「物語」から考える時間系．時間学研究、8; 37-50.

第3章

対話・音楽・時間

近未来から届く言葉たち

夢のような話をしてみる、対話と音楽と時間が実は同じものだという。ただし、お伽話ではなく、サイエンスの考え方にできるだけ忠実に従いたい。具体的には、対話というものの輪郭を、音楽と時間でもって描こうと思うのだが、こんな非常識は空中分解に終わるだろう、というのが大方の予想だろうから、ぼくには一つ秘策がある。それは、みなさんに魔法の壷の中に入っていただくこと……。

I 壷の内

さて、入っていただいた壷は、中から見たら思ったほど狭くない、けっこう広い。この壷世界の内には二つの特徴がある。一つは、起こった事柄の効果と反応がつぶさに見てとれること――ちょうど赤外線カメラが対象物の熱分布を可視化するように。効果と反応というのは、こちらの行為や発したメッセージが、反応とともに向こう側から返され戻ってくるし、こちらの反応もまた相手に返っていき効果を生むという双方向性のことだ。壷内では、ものごとはすべて二方向あるいは循環して起きている。ということは、他人を批判してもそれは自画像（自分のことを言っている）のようになるし、環境の破壊は自己の破壊につながる。有楽町から出た山手線が一回りすると、「行く」ということは「帰る」ということになる。ちょっと頭がクラっとするかもしれないが、壷の文化に慣れていただくしかない。

二つ目の特徴は、観察、実験、データ、分析という類いの外部からの眺めではなく、私が参加する、共同作業する、内側に留まるという、「私」の存在がそこに含まれるということ。つまり、先の場合は、「それが」とか「あれが」が主語になるので、その語り口は三人称になる。だが、あとの場合は、「私とあなたが」とか「それが私に」のように二人称になるのがわかる。これは、内側からものを見るという内部観測（松野、2000）のことで、客観的になろうと一段上から見下ろす外部観測とは対照的だ――みなが参加者なので、誰もが他に対して水平である。すると、観察者は観察されていることになるし、裁定者は裁定されることになる。人それぞれの自発性、主体性に優劣はない。以上、壷世界内の二つの特徴は、それぞれ「双方向性」（Bateson, 1972）と「参加のロジック」（Berman, 1981）としてまとめられる。しかし、これら二つの特徴は緊密につながっている。

Ⅱ　まてよ

すると敏感な読者はここで何かに気づく。「壷世界に入ったのだから、双方向と参加が基準なんだろ？　だったら、対話、音楽、時間という呼び方は三人称であって、二人称的世界とは相容れないではないか？」その通りである。参加のロジックの定義に従えば、壷世界内では、「対話する」「音楽する」「時間する」というように、「私」を含む表現にそれぞれが取って代わるべきなのだ。なぜなら、すべての個人それぞれが行為者であるから、不参加をいいことに高みの見物で「対話とは何か?」と問う者はいない。「私」が入らない問いの立て方、「対話とは」という接近法《アプローチ》は、壷世界にはない。ここではものの問い方、表現の仕方が二人称的、つまり対話従事的になる（野村、2018ab）。

Ⅲ　時間するって?

しかし、「対話する」「音楽する」まではよいとしても、「時間する」となると、面食らう人が多いだろう。でも、大丈夫！　ここは壷世界の内、強力な魔法が効いている。恐れず時間を強引に参加の論理に従わせよう。机の脇でカチカチやっている時計、それが示す時間に自分の参与性は見当たらない、寝ていても進むからね。それ自体は（時計屋さんと物理学者以外は）一見どう「する」こともできない。ところが、自分の腹時計、急ぐ通勤時の時間の進み具合、田園や広場にいてゆったりと流れる時間、そのどれにも「私」あるいは主体の参加がある。ただ平然とカチカチやっている置き時計とは違う。

「いや、そうじゃないだろ！　腹時計なんぞは錯覚であって、本当の時間は別にあるのだから」という声が聞こえてきそうだ。しかし、考えてみよう。客観的な実在ばかりがわれわれの行動に影響するとは限らない。光源氏もフーテンの寅さんも歴史的実在でないにもかかわらず、あれだけ多くの人を動員し行動を起こさせる――源氏物語現代語訳ラッシュから柴又帝釈天の参道の大賑わいまで。人の行動は客観的存在に縛られない。人の時間行動もまた客観的な時計のみに準ずるとは限らない――「錯覚時間」は大いに私たちの行動を色づけるのだ。壺文化では参加のロジックという基準に従い、人が参加する行動を対象とするため、「錯覚時間」は立派な時間となる。

この「錯覚時間」（仮にそう呼んだが）は、個人が計るから一人称の時間で、それを「A系列の時間」（McTaggart, 1927; Nomura et al., 2018）と呼ぶ。一方、置き時計の三人称の時間は「B系列の時間」（McTaggart, 1927; Nomura et al., 2018）と呼ばれる。A系列の時間には、個人が関わる（参与する）ことで、過去・現在・未来というはっきりした時制がある。しかし、B系列の時間には、ひとの関わりがないのが前提で、前後関係しか認められない。ここは間違う人が多いのだが、今の時間を度外視して、単に時計の文字盤を眺めてみよう。1時、2時、3時とあれば、1時は2時の前、3時は2時の後でしかない。B系列の時間はそういうシステムであって、過去・現在・未来はない。「私」の参与がないのだ。したがって、A系列時間のほうは参加を必要とするが、B系列時間は参加不要。そこで、参加を要しない時間はどうする？思い出してくださいね――定義に従い、とりあえず壺からお引き取りを願う。時間は、「時間する」しか壺世界内ではありえないのだから。

Ⅳ　もうひとつの時間

ところが、A系列の時間以外にも、参加を前提とするもうひとつの時間がある。それは、「対話的時間」（E系列の時間）（Nomura et al., 2018；野村ほか、2015）と呼ばれるものである。これは、複数の人間がタイミング合わせをする際を想像したらよくわかる。二人以上で打楽器を鳴らす、ペアダンスする、合唱する、二人三脚で進む、会話するなど、これらはどれも呼吸合わせ、タイミング合わせ、時刻合わせをもとに成り立つ行為群である（Timingというくらいだから時間のことだ……）。試しに会話で相手と同時に発話してみる。会話は成立しない。相手の動きを計算せず自分のステップだけでダンスをしてみよう。相手の足を踏んでしまうだろう。会話はターン・テーキング（turn taking）（Sacks et al., 1974）といって一人ずつ発話することで成り立つし、ペアダンスも両者が調和・同調（シンクロ）し合えるよう、お互い相手の動きに照らして自らを修正しながら踊る。この一連のリズム合わせを腕時計（B系列時間）に頼る者はいない。この場合はE系列の時間を計るための異なる時計が必要になるだろう。それは、「対話的やりとり」という名の時計である。

つまり、壷世界内では、「対話的やりとり」は、参与者にとって時計のはたらきをする。「時間する」は、「対話的やりとり」と同義になり、ダンスも、会話も、共同歩調も、非言語的であるものの、双方向のコミュニケーションとして、お互いのタイミングを合わせ合う時計になることで可能となる。またその逆も言えて、時刻合わせをする時計になること、すなわち「私＋あなた」という二人称の交渉体ができることが、参与者間の対話が成り立っていくための条件となるだろう。時間は言葉であり、E系列の時間は、「時刻合わせ」という文法をもつ言語形式なのだ。

V　対話としての音楽

それでは、次に「音楽する」の場合はどうだろうか。壷世界には、「これは音楽だ」とか「これは音楽ではない」などと裁定を下す者はいない。双方向性と参加のロジックという二つの基準に合致して「音を楽しむ」ことが「音楽する」に相当するはずである。一九六〇年代初頭、エリック・ドルフィー Eric Dolphy を迎え入れたジョン・コルトレーン John Coltrane 四重奏団は、批評家たちから「反ジャズだ」という批判を浴び、いっときコルトレーンを苦しめる。しかし、半世紀以上経った現在、その演奏はなんと美しくまっとうなまでにジャズ的なことか！　参加の論理を欠く壷外からの批評は、往々にして内部従事者たちを表面的にしか理解しない。ジャズは、演奏者たちと聴衆との双方向性が古典音楽よりも高い、また即興演奏が主となるため、演奏者間の双方向性、すなわちインタープレイが重要なコミュニケーションになる。つまり、バンドの参加者同士にとって音やリズムはまさに「言語」に相当する。

インタープレイは対話によって成立するが、そのことを異なるビートを打つ二つのリズム楽器の合奏で考えてみよう。個別でではなく、相手と合わせて叩きつづけるとすると、お互いが相手のビート（拍）を聴きながら自分のビートを刻むことになる。そんなとき、お互いが刻んでいる拍そのものが「時間している（timingしている）」本態、つまりE系列の時間であることが了解できよう。リズムが次第に噛み合って調和しはじめると、楽器と自分が、演奏者同士が一体化し、ほとんど意識することなく拍が刻まれていくことになる。よく言う「グルーヴ」という状態に近づくわけだが、このとき時間に関するある特異なできごとが起る。それは、次の拍を予期する行動が現出することである。相手の拍のタイミングを予想して、こちらは前もってビートを打つ行為にかかる。ダンスで足を踏み出すタイミングもこれと同様、「近未来」を予測して行為する。相手のステップを確認してからこちらが足を踏み出したのでは、ワンテンポ遅れるからだ。したがって、相手と同期するためには、予期・予測が必要となり、相手からの結果が見える前にすでに行動を起こすことが求められる。

Ⅵ　近未来からの伝令

予期をもとにしたタイミング合わせというのは、お互いのリズムが合いはじめたとき、つまり相互予期可能圏に参与者たちが入ったとき、ゼロ・コンマ何秒か先の近未来から情報がもたらされる、と表現できそうだ。「未来」は、物質ではない、言語的に構成されたもの、いわば図式のことである。たとえば、あなたが自転車に乗り前方に障害物を認めた場合、安全のため止まったり減速したりするのは、衝突や危険というイメージから取った行動である。このイメージが予期のための「内部モデル（internal models）」（Mischiati et al., 2015）という広い意味での言語形式である。ここで言う「未来」は遠い未来のことではない――ほとんど「今」に隣接した直近の未来であることを念頭に！

さて、われわれは、普通、原因がまず先にあって結果は継時的にそのあとに来る、と考える。これは理解しやすい順序である。しかし、予期行動の場合は、まだ起きていない未来の出来事が原因となって現在の行動という結果に結びつく。「原因があって結果に」と「現在から未来へ」はセットであったはずなのに、「原因があって結果に」と「未来から現在へ」がセットになってしまい、普通で言う因果律が崩れる（Matsuno, 2019）。これは「逆因果性（retro-causality）」と呼ばれるが、両者が合奏を始め互いが予期可能圏に到達すると起きることだ。驚くなかれ、この逆因果性は巷に溢れているのだ。何かを二人で持ち上げるときの「せーのッ」、一本締めを合わせる前の「よーッ」、写真撮影前の「いち、にー、さん（ハイ）」でも何でもよい。これらの呼吸合わせ、時刻合わせは、同期を実現するための一般操作である。

Ⅶ　ときはざま

こういう報告がある。生後5カ月の全盲の女の赤ちゃんのお母さんがミルクを飲ませながら子守唄を歌う。そのとき赤ちゃんは、身体を子守唄に合わせて動かし、視覚ゼロにもかかわらず、お母さんの発声の0・3秒前に手を振り上げる。赤ちゃんは唄をすでに記憶していて、それを予期モデルとして使うことで、お母さんとぴったり同期できるタイミングを測っている（Trevarthen, 1999）。母子における一体感の確認である。また、親密性の表現でもある。この予期から導き出された運動は、刻みと刻みの間、つまり時のはざま、時《とき》狭間《はざま》（野村、2018a）において現出する事象だ。この時狭間《ときはざま》、つまりビートとビートの間にくる計時運動のことを音楽では、アナクルーシス（Hasty, 1997）とか〝upbeat〟と呼ぶ。

拍と拍の間（区切りと区切りの間）は何もないのではない。次の拍に移るための〝upbeat〟であり、刻みと刻みの間に存在する意味空間である。この時狭間は、いわゆる時間間隔とは異なる。先ほど壷外へご遠慮いただいた時計の時間（B系列時間）では、刻みと刻みの間は、何の意味ももたない虚無である。どれだけ細かく1秒を区切っていっても、そこでの時間間隔に意味が生じることはない。人が関わって作る〝生きた時間〟（E系列の時間）との違いはそこである。音楽では、ビートとビートの間には、意味があり、かつそれはcommunicative（メッセージ性を有する）である。

Ⅷ 共通する文法構造

時間は何系列であれ、「区切る（punctuate）」ことで「時間になる」という特徴をもつ。A系列なら個人の生活のテンポ（区切り）が、B系列なら自分から独立した機械のテンポ（区切り）が、そしてE系列なら、二人以上の参与者が共に作るテンポ（区切り）が、それぞれの時間系列を編み出していく。「区切る」ということが、共通する文法構造だ。

意味は文脈（コンテクスト）によって生まれるが（Bateson, 1972）、B系列の時間は文脈フリーで、意味から解放され、世界中で同期する普遍同期（global synchrony）（松野、2000）である。一方、E系列の時間（Nomura et al., 2018；野村ほか、2015）は、同期を達成しようと相互修正を続ける、その時その場の意味と一体化した局所同期化（local synchronization）（松野、2000）である。お昼の12時の時報は、普遍同期（B系列の時間）で、遠足の保育園児への呼びかけ、「そろそろお昼にしましょうか」は、局所同期化（E系列の時間）の例と言えるだろうが、E系列の時間という言語が――時間が言語であったことをお忘れなく――前面に出ているときは、B系列の言語は使われず控えにいると考えたらいいだろう。日本人が英語で会話しているからといって、日本語という言語がなくなるわけではない。

そこで、E系列の場合は、こちらの（保母さんたちの）動きと相手の（子どもたちの）動きが、相互の調整と交渉を経ていくことで、ひとつのまとまりある総体を作る。このまとまりを、石のようにではなく、生きものとして柔軟に保っていく仕組みが、対話的時間、すなわちE系列の時間である。したがって時間するユニット（単位）も、音楽するユニットも、対話するユニットも、おしなべて時刻合わせというE系列独自の時間文法に従っている。

IX　それで？

「対話」の輪郭ではなく、「対話する」の輪郭を、ここまで描いてみた。ばらばらに見える「対話（dialogue）」「音楽（musicality）」「時間（temporality）の三つが、双方向性と参加のロジックという魔法にかかると、「対話する」「音楽する」「時間する」というように、「私が誰々に」行為するという当事者の言葉に一括変換させられる。この一括変換されたものに共通する特徴を挙げると……。

一つは、まず甕の内では、対話も音楽も時間も、言葉であること。対話はもちろんだが、合奏、合唱、即興演奏などの音楽も、広い意味で、音やリズムを通した演奏者間の言葉のやりとりだ。音楽的一体感を作り出していく機構は、同期現象と同様、お互いの「参与的ずれ」（Feld, 1988：山田、2017）を解消しつづける交渉、つまり対話的行為にある。また、時間さえも「する」という枠に入れこんだ場合、刻み（区切り）を相互に入れていき、互いのずれを交渉し続ける連続的行為である。

二つ目は、甕世界においては、対話も音楽も時間も、どれも近未来から届く言葉たちであること。これらの行為群が成立する一般原理として予期行動を挙げたが、予想をもとに次の区切りに至る前に行動を起こす所作が同期へと結びついていく。その際、情報の伝達は、近未来の予想から発せられ、それを原因とし、その言葉は近未来から届けられる。お互いが会話に夢中になりテンポよく話が進む場合、相手に頷くのは、相手が言い終えてからではない。ほんの少し前倒しされているはずだ。「いま、ここ」が起動する鍵が、ここに潜んでいる。

三つ目、全盲の赤ちゃんのところで触れたが、唄に合わせた身体の動きは同期を目指している。そのタイミング合わせが、母子であることの相互認証であり、合唱という身体を伴っての一体化であり、親密さの表現であることを疑う者はいないだろう。「音楽する」は、「対話する」と「時間する」の両者を貫く行為である。この文章は主語を取り替えてもまた成り立つ。人のこころを開く対話――それを治療的と呼んでもいいが――があるとすれば、それは上のような「同期化」、すなわち「時間の共同制作」を通してであろう――時が過ぎるのを看過するでもない、またそれを止めようとするでもない、時の狭間にはたらく行為を通して。

以上の夢物語は、魔法が効いている間だけの話である。壷世界の外に出たら、魔法の効果はない。それさえわかれば、もう壷を割って外に飛び出しても大丈夫。それは、それ。これは、これ、なのだから。

文　献

Bateson, G.（1972）*Steps to an Ecology of Mind.* Chicago, Chicago University Press.（佐藤良明訳（2000）精神の生態学．新思索社．）

Berman, M.（1981）*The Reenchantment of the World.* New York, Cornell University Press.（柴田元幸訳（1989）デカルトから

ベイトソンへ—世界の再魔術化．国文社［復刊版　文芸春秋社，2019］．）
Feld, S.（1988）Aesthetics as iconicity of style, or 'Liftup-over Sounding': Getting into the Kaluli Groove. *Yearbook for Traditional Music,* 20; 74-113. https://doi.org/10.2307/768167
Hasty, C. F.（1997）*Meter as Rhythm.* Oxford: Oxford University Press.
松野孝一郎（2000）内部観測とは何か．青土社．
Matsuno, K.（2019）Retrocausal regulation for the onset of a reaction cycle. *BioSystems,* 177; 1-4. https://doi.org/10.1016/j.biosystems.2019.01.006
McTaggart, J. E.（1927）*The Nature of Existence. Vol.2.* Cambridge: Cambridge University Press.
Mischiati, M., Lin, H. T., Herold, P., et al.（2015）Internal models direct dragonfly interception steering. *Nature,* 517; 333-338.
野村直樹（2018a）共創の時狭間—素の時間，二人称の時間，E系列の時間．こころと文化，17-2; 142-148.
野村直樹（2018b）無知の姿勢と二人称の時間—臨床における対話とは何か．精神科学治療学，33-3; 5-10.
野村直樹・橋元淳一郎・明石真（2015）E系列の時間とは何か—「同期」と「物語」から考える時間系．時間学研究，8; 37-50.
Nomura, N., Muranaka, T., Tomita, J. et al.（2018）Time from semiosis: E-series time for living systems. *Biosemiotics,* 11-1; 65-83. https://doi.org/10.1007/s12304-018-9316-0
Sacks, H., Schegloff, E. A. & Jefferson, G.（1974）A simplest systematics for the organization of turn-taking for conversation. *Language,* 50; 696-735.
Trevarthen, C.（1999）Musicality and the intrinsic motive pulse: Evidence from human psychobiology and infant communication. *Musicae Scientiae,* 3; 155-215.
山田陽一（2017）響きあう身体—音楽，グルーヴ，憑依．春秋社．

第4章 共創の時狭間《ときはざま》

素《す》の時間、二人称の時間、E系列の時間

洋の東西を問わず時間は人にとっての一大関心事である。ヒト以外の生命体にとっても、実はそうなのである。季節に飛来する渡り鳥も回遊するクジラも、一日24時間を概日リズムによって知る植物も、また13年に1度大発生するいわゆる素数ゼミも、みな計時を営みのコアにおいている。これはわれわれの言う時計を頼りにしない、環境との相互作用による生態時計である。われわれの腕時計は、環境の変化に左右されない普遍時計である。では、ヒトはそういう生態時計は使っていないのだろうか。ヒトも生命体である以上、使っていないはずはないだろう。むしろ、人の生活の多くはこの生態時計を使ってまかなわれていると考えられる。本稿は、それがどのような時間であって、どのような計時機構によるものか記号論的に説明していく。これまで名前のなかったその時間のことを、「素の時間」あるいは「二人称の時間」またあるいは「E系列の時間」と呼ぶ。

1

それはなんの変哲もない当直の晩の出来事だった。深夜精神科病棟をまわった彼は偶然五十歳代の女性入院患者と会話し彼女の語る半生に聴き入った。病棟は寝静まり昼間のスタッフの忙しさも叫声も届いてこない。お互い医師と患者という役割から離れて、話し合い、頷き、問いかけ、耳を傾けた。このとき二人に時計の時間とは違う全く別の時間が訪れた——時間の狭間にでも入り込んでしまったような感覚、刻みやテンポが異なる時間世界との出会い。お伽話ではないこのリアルな時間の存在を、その精神科医は「素の時間」と名付けた（樽味，2006）。二〇〇〇年代初頭のことである。「素の時間」、なんと素晴らしい表現だろう。それは、「具の時間」と対比して、雑多なものや想いが交錯しない、純粋であって、本来の時間を指して言っているかのようである。この両者の対比は前者をintrinsic、後者をextrinsicという英語で言い表すと明確になるかもしれない。それらを踏まえてこの論考は、素の時間を含め、生きている事態に密着した時間の姿を、現在のぼくの研究の進捗状況（Nomura et al., 2018）とともに伝えることを目的としたい。

その頃ぼくはキューバに何度か足を運び文化人類学の短期のフィールドワークを繰り返していた。キューバ音楽、とりわけそのポリリズムに関心を抱いた。あるとき、それは自分の大学の研究室でのことだが、人の姿が消え、静まり返った夜、ぼくはソン（キューバ歌謡）のCDをかけて、それに合わせて自分でクラーベ（キューバの拍子木）を叩いた。が、そのときだった。「あれっ！」これまで分かっていたことが急に分からなくなるような感覚が襲った。クラーベのリズムは不等間隔で打たれる。しかし、これがこの音楽の時間だとしたら、われわれの知る時計の等間隔のカチカチという刻みはいったい何なのか?!　不等間隔をもってしても時間が成り立つのだとしたら？　時間っていったい何だろう⁉　時間の迷宮の入り口だった。

2

考えてみるに、誰も時間をこの場にもち出して見せることはできない。時計やカレンダーは、計時の手段であって時間ではない。では、時間はどこにあるのか？　地球の自転は物理的な運動であって、それは時間そのものではない。それを24時間と定めて定量指標にしても、座標軸上に表したとしても、それらは記号化され、あるいは空間化されているのであって、恣意的である。大森荘蔵の言葉で言う「変造物」である（大森，1992）。時間それ自体と本来何の関係もないではないか。それが証拠に、蛸はそんなものを時間と認識していない。では、蛸には時間はないのか？　そんなはずはなかろう。人間にも蛸にも昆虫にも、「生」あるものとしての時間があるはずだ。それらは、自らの「生」から独立していて関係なく一方向に進んでしまう時間とは異なるはずである。なぜならクラーベを叩くとき、時間は常にぼくとともにあるからだ。

時計の時間こそが唯一時間だと思い込んでしまっている人には、この道理がなかなかピンと来ない。そこでこんな例はどうだろう。たとえば、あなたが遅れないよう自転車で目的地に急いでいたとしよう。子どもが横から飛び出してくるのを前方に確認できた。自転車のスピードと子どもまでの距離を考慮して、あなたはブレーキをかけて止まるか、または減速してすり抜けるか判断するだろう。これは予測（predict）することに関わるので、「測」の字が示すように何かを測っている。つまり時間を、また空間を測っている出来事なのだ。なのに、このときのあなたは（目的地に急ぐ際に使う）時計の時間を使って測ってはいない。たとえ物理的な時間が歴然とあなたに関係なくカチカチやっていたとしても、主体としてのあなたはその場に対処するにあたり腕時計を使っていないことは明白である。では、その生物主体はどんな時間を使っているのか？　時間が有るか無いかという話ではなく、時間は誰によって作られ、誰が計時しているのかという問題なのだ。例えば、時計の時間は物理学者によって作られ、一秒の長さが科学的権威でもって決められているように。科学的権威の及ばない蛸は時間についてはまったく無知な存在と言えるのだろうか？

3

私たちは経験知として自分に固有の時間があることを知っている。「どうしてこんなに早く時間が過ぎるのだろう！」面白いゲームに熱中しているときなどである。あるいは、「なーんだ、まだ20分しか経ってない！」退屈な講義を聞かされているときなどである。自分が主体、つまり自分が「時計」なのだから、自分という主体の現在を境に、過去と未来がある、つまり時制（tense）が存在する。計時者が自分なので、時間は早くもなり遅くもなる。時は自分の知る遠い過去から現在を経て遠い未来まで連綿と続いている。この時計は、止まることとさえある。ショックを受けたあの日、あの時刻、あなたの時計がそこで止まってしまうことは十分考えられる。「それは止まったかのような幻想だ」とするのは、科学者の幻想である。その時計はちゃんと止まる機構を備えている。それは、記憶と期待によって動く主観的（subjective）な時計なのだから。そこで、時制をその文法として持つこの「一人称の時間」のことをA系列の時間と呼ぶことにする（McTaggart, 1927）。自伝や昔語りはこのA系列の時間系の中で語られる。もし時計の時間を使ってしまったら、それは語り（ナラティヴ）ではなくなって年表となる。

4

そして次に、私たちにおなじみの時計の時間。しかし、これとてずいぶんな学習の産物なのだ。小さい息子に時計の読み方を教えたとき、何度か間違え苦労しておぼえたことを思い出す。この時計という代物は人間が作った言語であることを思い知る。さて、この時計の時間、これをB系列の時間（McTaggart, 1927）としておこう。このB系列時間の特徴は時制がない、つまり無時制（tense-less）であることだ。柱時計を凝視してみよう。過去も現在も未来も、時計の針は教えてくれない。示すことができるのは、2時の前は1時、あるいは2時の後は3時、というように前後関係という文法だけである。生きているものにとって直下の認識としての過去、現在、未来がないのだから、「変造概念」と言われても仕方がない。この時間は世界言語として地球上で同期する（global synchrony）という利便性を持つがゆえに、文明の強力な支え手となる。私たちの参加は不要で、外在化された時間であって客観的（objective）とされるが、この時間は主体のかかわりを排除し、独立したものとして一方向に自走する。「遅刻」などという概念は、江戸時代には存在しなかった。『遅刻の誕生』（橋本・栗山，2001）という本が教えてくれている。「遅刻」はあったのではない、この時間系の支配とともに誕生したのである。B系列の時間は不自然さを備えているぶん、病理性をはらむことがある。時間に遅れる人が評価を落としたり、「時間管理ができない」と自分で自分を責めたりする。B系列の時間自体が病理的ではない――それを他者に強いるところに病理性が存在するのだろう。この系列時間は、外在化された時間として、「三人称オブザーバー」によって計時されるため、「一人称主体」によって計時されるA系列時間と対照的である。

5

主観的（subjective）なA系列の時間も、客観的（objective）なB系列の時間も、異なる方法ではあるが計時、時を刻んでいるわけである。この「刻み」をコミュニケーション理論に沿って「区切り」（punctuation）として扱っていこう。そうすると、A系列の主観的時間は個人の記憶と期待に基づいて区切られているのがわかる。ゲームをするとき、または講義を聴くとき、「区切り」をつける者、つまり計時者は自分であって、その自分が主体的に区切るとしたら、時間は早くも遅くもなる。一方、B系列の客観的時間はどうかと言えば、「区切り」はすでに付けられてしまっている。つまり、1秒、24時間は物理学的に定義されているので、その定義が世界中で同期することによってB系列時間は成り立ち機能する。B系列の時間はあなたの方で区切ることを許さない。にもかかわらず、両者とも何らかの「区切り」によって構成された時間であることには変わりない。しかし、これは裏を返せば、区切り方の違いが時間を創出することを意味する。

6

すると論理的帰結として、subjective（主観的）でもなく、objective（客観的）でもない「区切り」の方法があるとしたら、どうなるだろう？　まず、inter-subjective（間主観的）な区切り方によって成り立つ時間系が想像できるかと思う。主観的時間であるA系列は、「一人称」の主体によって創出され計時される。客観的時間のB系列は、既成の「区切り」（カチカチ）が「三人称」のオブザーバーによって計時される。しかし、inter-subjective として主体が二人（あるいは二個体）かそれ以上になった場合、「区切り」は、両者による共同作業に移行する。言い換えると、それは参加者同士のコミュニケーションが執り行う「区切り合い」ということになる。

そういう「区切り合い」は、私たちの日常生活において枚挙にいとまがない。会話、ペアダンス、共同歩調、合唱、追いかけっこ、二人で物を運ぶとき、などなど。会話を例にとれば、一方が話す時、もう一方はそれを聞く。それが交互に繰り返されることをターン・テーキング（turn taking）（Sacks et al., 1974）という。両者が同時に発話したのでは、会話は成り立たない。頷きも、話す番の交代も、会話という協働に「区切り」を入れていく。ペアダンスにおいては、両者はステップ合わせを実現するために、お互い相手の次のステップを見込んで近未来に向けてステップを踏む。シンクロ、同調している状態を保つとは、機械的に動きが同一状態になることではない。瞬間瞬間のお互いのズレを調整しながら、そのズレを使って同期の状態に近づけようとする相互による自己修正の連続、それが可能にしている。したがって、これら会話にせよ、合唱にせよ、ダンスにせよ、そのどれをとっても時計の時間を使って行為を遂行している者はいない。いわんや、自分だけの時間を使って相手と歩調を合わせるのには無理がある、相手の足を踏んでしまうのがせいぜいである。

この相互調整を進める過程で、その時その場でのローカルな同期、同調を目指していく時間のことをE系列の時間と呼ぶ（野村ら，2015；Nomura et al., 2018）。調整、追いつきが可能な範囲で、絶え間なく時の余白を作り続ける行為がE系列の時間の特徴である。お互いが区切っても、区切っても、ぴったり合い続けることはなく、誤差を生じ続ける。そして、次から次へと「区切り」を呼び込むトライアル・アンド・エラーの連続。その「区切り」と「区切り」の間が、時の狭間であろう。それは、一人称でもない、三人称でもない、二人称の交渉だけがもたらす共創の時狭間《ときはざま》である。この「区切り」と「区切り」の間の余白が次なる「区切り」を呼び込むという意味では、「区切り」をつけるとする現在完了形が、その「区切り」を境に現在進行形に移行し、次なる現在完了形をめざすことになる（Matsuno, 2015）。ズレと誤差が生じることでこの記号的時間システムは運転を続ける。この系の文法は、「区切り」の相互調整にある。

7

「記号的」（semiotic）という言葉を使ったが、それは相手の動きが何らかのサインになって意味に結びつくことを指している。サインは読み手なしには機能しないものであり、野球のスクイズも監督のサインがバッターに読めなければ、スクイズは起きない。「区切り」という記号も可視化できないにせよ、読み手には記号として受け取られ、それが情報となって相互の行為に影響を与える。ただ、一点気をつけておきたいことがある。それは、相互作用するシステムが安定状態もしくはグルーヴに入った場合、記号をレセプトしてから動くという図式はすでに放棄されていることだ。つまり、記号が発せられることを予期して、未来の記号に向けて行動が起こされていく点に注意したい。絶妙にダンスするペアは、相手の足の動きを見てから自分の足を出しているのではない。相手の未来の動きを見越して踏み出しているはずだ。テニスの選手が、ボールがラケットに当たるその前に打ち返す構えを作るように。届いてからでは遅いわけだから、未来の記号を読まなければならない。それで interactive（相互作用的）という言葉をさらに一歩進めて、synchro-active（同調作用的）、シンカーアクティヴと呼んでおこう。

8

さて、ここで話を戻すと、E系列時間の計時者（タイムキーパー）はいったい誰なのだろうか？　一人称の時間の場合、計時者は主体本人であったから、「私」という主体の過去・現在・未来に他者が闖入して計時を乱すことはない。三人称の時間では、計時者は物理学者もしくはそれに従う時計の利用者だから、新幹線の発車時刻が「あなた」の腹時計の影響を受けることはない。この二つはそれぞれ、計時機構が異なる時間系に属している。では、E系列の時間はどうであろうか？　それはコミュニケーションの現場で参加者たちによって対話的に生成されていく時間であるため、計時者は複数いてもよいことになる。それを「二人称交渉体」（the second-person negotiators）と呼んでおこう。

水族館でイワシの大群が玉のように固まって泳ぐ、いわゆるイワシ玉を見たことがあるだろうか。そこでの一匹のイワシはどのように時間を計っているのだろう？　「今日ボクはお腹がすいているから、ゆっくり泳ごう」はありえないし、「館内にある時計の秒針に合わせて回転しよう」、これもありえない。イワシたちはそれぞれが直近のイワシたちの動きに合わせていると同時に、外側で泳ぐ者はほんの少しだけ内側の者より速く泳ぐだろう。この場合、計時者はたくさんいて、「すべての個体」と言ってもよいし、「群れ全体」と言ってもよい。リズム合わせをする、タイミング合わせする全体を「二人称交渉体」と呼び、それが計時者であると表現してよいだろう。コミュニケーションでつながったシステム全体（ネットワーク）が時計性を有していることになる。それは、「くり返す」という特徴、つまり再帰的（recursive）な機構を備えたシステムがもつ時計性である。

例えば、長いロープで輪（リング）を作って、そのロープの輪を五人の大人が手に持ったとしよう。「これを回してください」という指令を受け、参加者は恐る恐る回し始めたとする。これを時計回りに回すか、それとも反時計回りにするか、誰が決めるのだろう？　また、回す速度はどうやって決まるのだろう？　ノンバーバルなコミュニケーションによって決められていくことがこの場合たくさんあろうが、ポイントは、この作業がお互いの「時刻合わせ」によって成り立っていくことだ。自分だけ強くひっぱってもダメなら、腕時計を見ながらも通用しない。異なる時間系に入らなければ、このジョイント・アクションは不可能である。互いがタイミング合わせを交渉（negotiate）していく他ないのである。この輪っかは、協力して動かすことによって時計性を帯びる。地面に置かれてしまえば、ただのロープ、物体である。そのことから、時計性という性質も「帯びる」ものであることがわかる。これらのことは、クエン酸回路であれ、カルビンサイクルであれ、フィードバックでつながったリカーシヴな機能を持った生体サイクルが広く時計性を有していることを示唆する（Nomura et al., 2018）。

9

E系列の時間からいったん離れて、ここでもう一つの時間系、C系列の時間（McTaggart, 1927）を紹介しておく必要がある。これは大変ユニークな考え方に基づいている。止まった時計の文字盤、カレンダー、時刻表、デジタル時計の数字、楽譜、旅程、など。これらはすべて時間の推移を表す絵や記号であり、それ自体は単なる配列であって止まっている。時計の針が動き、列車が時刻表どおりに運行され、楽譜に沿って演奏が始まれば、「描かれた時間」は動き出す。これらは、時間を動かす予定表、シナリオのようなものである。五線譜にあるように、しっかり区切りを持つシナリオでありながら、それ自体はデザインであるから止まっている。したがって、計時することはできないし、計時者もいない。このことは、スクイズのサインはあっても、そのサインの読み手がいないことに似ている。また、台本があっても俳優がいないのに似ている。サインに読み手がいなければ意味は生成されないように、シナリオであるC系列の時間も、もし主体が存在しなければ、時間は止まったままである。「止まっている時間」があるとすること自体ユニークな発想だが、この意味で、前述した「自分の時計が止まってしまった体験」は、A系列時間のもつ機構の一つと考えてもよいが、本来、主体があって動くはずの時計から主体不在になってC系列に時間が移行してしまったと考えてもよいだろう。

サイコセラピーへの指針として考えたとき、主体がいるのに自分という時計が止まってしまったと（A系列で）考えれば、自分と時計との関係を問い直せばよいことになる。一方、時計を前にして計時する主体そのものが消えてしまったと（C系列で）考えるのなら、主体を取り戻すことで時計は動き始めることだろう。この見方の違いは、単に理論的な領域に過ぎないと言うかもしれないが、治療者から患者へのはたらきかけの仕方（メソッド）が変わる可能性をもつ。一見、どうってことのないように思われるC系列の時間は、実は大変パワフルな概念であって、平面地図と時間を架橋し一体化する立役者なのだ。

10

ではここで、これまでの話をまとめたものを表1に示してみよう。

表１　記号作用としての時間：Ａ系列時間〜Ｅ系列時間

	A系列の時間	B系列の時間	C系列の時間	E系列の時間
文法（区切り方）	時制（過去・現在・未来）	順列（前後関係）	配列	相互調整
コード	主観的、内在的、個体コード	客観的、外在的、普遍コード	ノンアクティヴな静止コード	同期進行する（synchroactive）関係性コード
計時法	記憶と期待によって	普遍同期	計時しない	局所同期（local-synchronization）
計時者	一人称行為体	三人称観察体	計時者不在	二人称交渉体

11

こうして時間系列を表にしてわかってくることは何だろう。一つには系列間の関係が見えやすくなることだろう。A系列から時制を取り外すと、そこにB系列時間が残る。つまり、過去、現在、未来という主体に付随する一貫性を奪ってしまえば、残るのは前後関係のみのB系列になる。そうして抽象化、客観化されたB系列からさらに前後関係を奪ってしまえば、そこにC系列の時間が残る。2時の次は3時でも1時でもよいという系列ができる。なぜなら、前後関係を取り外したその「絵」は、どの方向から読んでもよいからだ。ピカソの絵を左から右へと目を移さなければいけないというルールはない。C系列時間の特徴、つまり文法構造は単なる配列にあるので、時制も前後関係もない、すなわち方向性のない「区切り」だけが残る。

では、さらにそのC系列の「区切り」を取り外してしまったらどうなるだろうか。そこにE系列の時間の可能性が見えてくる。つまり、その「区切り」が示す境界線（boundary）は交渉の結果引かれた線というふうになる訳だから、前もって決まってもいないし、自分一人での取り決めもできない。二者かそれ以上の者たちのコミュニケーションによって、その境界の線引きが瞬時瞬時に試行されていくとすれば、そのままE系列の時間につながっていくことだろう。その時その場に即した新たな時間性（temporality）の生成、獲得である。しかし、C系列時間の境界線を取り去った場合、このオプティミスティックな考えばかりが通用するとは限らない。つまり、「区切り」という柱の数々を外してしまうことで、系（システム）それ自体が瓦解する危険性をはらむ。つまり、複数の個体同士のコミュニケーションが不全に陥ったとき、「区切り」があってないような事態に見舞われる。列車は曖昧で気ままな時間に駅に到着し、団体旅行のメンバーは予定時刻になっても現れず、楽譜に示されたテンポは独りよがりの解釈によって統一性を失う。「区切り」の取り外しが、創造性に向かうか、系の瓦解に向かうか、したがって、それは「賭け」でもある。無秩序の度合いをエントロピー（entropy）という言葉で表現するが、その増大に対して、つまり系の崩壊に抗して、協働して対抗しているのがE系列の時間だろう。対照的に、B系列のエントロピーは低い。この系は揺らぎ、余白、創造性を失う代価として普遍同期（global synchrony）を手に入れる。A系列の場合は、自前でエントロピーを下げるしかない。A系列時間におけるエントロピーの増大は、個人の時間的一貫性を直撃するため、精神的危機を伴う可能性をもつ。

12

一般的に、A系列時間を抽象化したものがB系列時間であり、B系列時間をさらに抽象化したものがC系列時間だと言ってもよいと思うが、必ずしもこの見方のみが唯一正当であるとは限らない。系列時間の数々を並列的なもの（ヒエラルキーではなく水平なもの）と考えて、A、B、C、Eの系列は、それぞれ違った者が発する複数の「声（voices）」と考えて悪いわけではない。それは、ポリフォニー（Bakhtin, 1995）としての時間論へと私たちを導く。ピアノ、ベース、ドラムスのジャズトリオの演奏をあなたが聴いているとしよう。最初のステージが夕方7時半だとすれば、そのB系列時間に沿ってあなたも演奏者たちも準備行動をする。演奏の少し前に到着したあなたはもうB系列の時間、つまり腕時計を気にする必要はない。むしろ慌ただしかったその日の一日をA系列時間として振り返るかもしれない。そして自分自身の時間が動き出す。しかし、演奏が始まり三曲、四曲と進むにつれ、演奏者とジャズクラブに集まった聴衆が共に息づかいを共有し、反応し合い、やがてあなたを含め演奏者と聴衆の間で一体感が生まれ、それが確実なリアリティとして感じられていく。その場における局所同期（local synchronization）からE系列の時間という、時計にもよらない、自分だけのリズムでもない時空に身を置くことになる。また、忘れてならないのは、演奏者が共有するメロディーライン、和音（chord）進行、これらも静止した時間、つまりC系列の時間としてその場に貢献しているという点だ。そうしてみると、ここにすべての時間が同時的に入り込んでいることに気づく。ある時間の声を聞いているとき、他の時間は無声というのではない、後ろに控えているだけなのだ、ちょうどベースがソロ（即興演奏の番）を取っているとき、ピアノやドラムスが微かに存在を示しながら後に控えている。いないのではない、声を潜めているのである。

13

楽譜や旅程表に代表されるC系列の時間は、書き換え可能であることも忘れてはならない。ジャズのコード進行表に一つコードを追加するとき、旅程表にはなかった経由地を新たに足すとき、電車の時刻表が一部改正されたときなど、それまで認識されてきた境界条件の変更は——いわば認識マップの書き換えなのだから——C系列の時間の書き換えに通じている。時間というものを「区切り」が創出する記号（code）の系列と考えれば、その記号形態の変更は異なる時間の創出となるだろう。時間は、生きたものに与えられた記号操作であり意味生成である。第三者が判定する「生存」と当事者たちにとっての「生きる」は違う。自己と無縁に自走する時間と異なり、「二人称の時間」は「生きる」に密着した共同歩調のことである。

文　献

Bakhtin, M.（望月哲男・鈴木淳一訳，1995）ドストエフスキーの詩学．ちくま書房．

橋本毅彦・栗山茂久（2001）遅刻の誕生—近代日本における時間意識の形成．三元社．

Matsuno, K.(2015)On the physics of the emergence of sensorimotor control in the absence of the brain. Progress in *Biophysics & Molecular Biology,* 119; 313-323.

McTaggart, J. E.（1927）*The Nature of Existence, vol.2.* Cambridge, Cambridge University Press.

野村直樹・橋元淳一郎・明石真（2015）E系列の時間とはなにか—「同期」と「物語」から考える時間系．時間学研究，5; 37-50.

Nomura, N., Muranaka, T., Tomita, J. et al.（2018）Time from semiosis: E-series time for living systems. *Biosemiotics,* 11-1; 65-83. https://doi.org/10.1007/s12304-018-9316-0

大森荘蔵（1992）時間と自我．青土社．

Sacks, H., Schegloff, E. A., Jefferson, G.（1974）A simplest systematics for the organization of turn-taking for conversation. *Language,* 50(4); 696-735.

樽味伸（2006）臨床の記述と「義」—樽味伸論文集．星和書店．

第5章　「無知の姿勢」と「二人称の時間」

臨床における対話とは何か

オープンダイアローグへの注目によって今あらためて対話とは何か、会話とは何かという疑問や関心が広がっている。当たり前な社会行為としての対話や会話は、医療とどのような関係を持つのだろうか。そこには、二〇世紀に発展を見たコミュニケーション理論とナラティヴの思潮が無縁ではなさそうである。オープンダイアローグを構成する理論的基盤が何かを一文化人類学者の視点から述べてみた。ここに挙げた二つのテーマは、対話に向かう姿勢、スタンス、構えとしての「無知の姿勢」、そして対話空間を特徴づけるテンポラリティー（一時性）として不可欠な「二人称の時間」である。これらで対話についてすべて語り切れたのではもちろんない。対話という深山への登山ルートとしてその特徴と可能性を二つ紹介してみた。

Ⅰ　はじめに

精神科における医療とはいったいなんだろう？　患者から見える世界とはいったいどのようなものなのだろう？　筆者は医療の専門家ではないけれど、このことに関心を持った。一九八三年の夏、千葉県北部のある単科の精神科病院で二カ月間、そして一九八四年夏から翌年の夏まで十二カ月間千葉県中部のやはり単科の精神科病院で文化人類学の調査を行った。統合失調症（schizophrenia）のコミュニケーション研究と題して、その主観的世界や精神科病院内での社会関係もテーマに含めた。一年の調査のうち二十一日間は、「患者」として保護室、閉鎖病棟、解放病棟で暮らした。保護室から、そして閉鎖病棟から眺めると、世界は全く違って見えた（野村，1995, 1996, 2001）。

「見える世界が違って、それが何だ!? 病気は病気ではないか」。だが、そうとのみ考えてよいのだろうか。われわれ人類学者も環境が大きく変わる中でフィールドワークを始めると、幻覚、幻聴をときに経験する。筆者も調査中に経験がある。催眠療法においてもクライエントは幻聴、幻覚を経験するものである。これらはヒトにおけるふつうの反応である。また、一般に見えないものが見えたり、聞けないものが聞こえたりすることを能力として必要視する領域もある。シャーマン、巫女、ユタらの世界である。社会的な問題を引き起こさなければ、「病気」と認められることはないが、不幸にも問題視され、それに名前（診断）がつけられると、医療機関に組み込まれる。

一九八〇年代以降の精神医学の生物学的研究の進展により、精神医学的障害の因果関係を示す複雑な網には、神経伝達物質や内分泌的活動の変化以上のものが含まれることが明らかになった。生物学的研究が前途有望に見えてから数十年間を経たが、精神医学的障害（の診断）に臨床的に有効なバイオマーカーは見出されていない。そう考えると、精神医学の全般的状況は一九八〇年代とそう変わりがないことになる（Kleinman, 1988）。精神薬理、つまりガイドラインに沿って薬物治療を実践するというのは、世界の中で限られた場所での出来事かもしれないのである。本来スキゾフレニックな事態は実は「羅生門的」であって、複数の真実をまたいでいる。それはまた、主観的な混乱や痛みの経験を抜きにして定義したり計測したりできるものではないだろう。先のクラインマン Kleinman の言葉を借りれば、精神障害は人生そのものの一部である。

最近注目されるフィンランドのオープンダイアローグにおいては、初期介入をした場合、薬をほぼ使わないで統合失調症が治る事例が多いことを実証的に示した（Seikkula et al., 2006）。「対話が治す」と言うのである。精神薬理、つまりガイドラインに沿って薬物治療を実践する多くの精神科医にとって、それがいったい何を言っているのか、見当のつかない世界の話に聞こえるかもしれない。そこで、「対話」という言葉について、その理論的背景を含めて少しだが紹介してみたい。すなわち「対話が治す」とか「対話が薬」とはどういうことなのか。また、それがどのようにナラティヴやオープンダイアローグとつながっているのか。その説明のために「無知の姿勢」と「二人称の時間」という二つのキーワードを足場（scaffolding）に説明をしてみようと思う。

II　コミュニケーションと対話

コミュニケーションに関する科学は、二〇世紀のはじめ、サイバネティクス、システム理論、情報理論などの台頭とともに発展をみた、いわゆる「関係性の科学」である。「これらはどんな物質か」という問い方よりも、「これらはどういう関係にあるのか」という問い方にその特徴がある。そのため、分野横断的に応用される可能性を持つに至った。自然科学の分野の発想を広く社会科学も含めた関係性の科学、つまりコミュニケーション理論に仕立てた一番の功労者は、ベイトソン Bateson（1972）であろう。ベイトソンの名は、ダブルハインド理論（二重拘束論）という統合失調症に関する仮説を通して知る方も多いだろうが、しかし、その重要性は何よりも非直線的な認識論の確立にあったと言うべきである。デカルト的な世界観を書き換えたと表現してもよいが、本稿はそこまで深入りはできない。詳しく知りたい方はバーマン Berman の『デカルトからベイトソンへ』（Berman, 1989）を参照されたい。

ヒトの世界においては意味や理解は、言い方、表情、身振り、そのほか場の状況などに左右される。これらの境界条件のことをコンテクスト（context）と呼び、言った言葉そのものよりも周囲の状況やその文脈から意味が伝わる。これをメタ・コミュニケーションという。また、それらをメッセージとして捉えた場合、そこには必ず反応、応答としてのフィードバック（双方向性）が伴う。コンテクストとフィードバックは、コミュニケーション的な考え方を象徴する基本原理である。これらの原則を取り外してコミュニケーション科学は成り立たない。つまり、メッセージについての科学、関係性の科学というのは、言語学とは全く異なる学問分野に属している。

二〇世紀後半、社会科学はこのような関係性の言語を援用することによって大きな進展を見せた。パーソンズ Parsons の社会学はそのよい例だろう。一方、科学至上主義への批判、ポストモダンの思潮の広がりも科学の世界に影響を与え始めた。それがどんなふうに起こったかをコミュニケーションの領域から言えば、大まかだがこんなふうに言える。コミュニケーション科学が基底に持つ上に挙げた原則をそのまま堅持しながら、観察者の位置を外側から内側に移動させた、と表現したらわかりやすいだろう。例えば、数人で交わしている会話を外部から観察してコミュニケーションが分析されるところを、その中に参加者として入ることで異なる視座を持つ。観察者を内側に置くことで、その記述は三人称から一人称へと移行するのだ。つまり事象の語り手は、観察者や、研究者から「私」へと移行する。

公平無私の客観的オブザーバーの座から一段降りて、水平な関係の中の参加者になったとき、その経験に関する言葉づかいは変化する。三人称の言葉（例、診断名などの専門用語）が「現在形」で語られるのに対して、一人称の言葉はその経験を時間上の変化でもって体験として語られる。このように時間を伴った「私」による記述や語りを扱うのがナラティヴと称せられる領域である。つまり、コミュニケーションが一人称の科学として会話や対話の領域に踏み込んだとき、ナラティヴ（語り）という視点が生まれた。医師が「統合失調症」という専門用語で理解する「疾患」は、患者が生活として体験する「病い」とは異なる（Kleinman, 1988）。前者の科学は精緻化されてきた一方、後者のそれはほぼ未開拓のまま残っていた。

「ナラティヴ・ターン」と呼ばれる運動がもたらしたのは、この後者の未開拓領域の探索である。ここにロシアの文芸評論家、バフチン Bakhtin の大きな貢献がある（Bakhtin, 1995, 1996）。ドストエフスキー文学を足掛かりに、対話（dialogue）の力学をかつてない言葉で敷衍した彼の対話思想から、「生きた言葉」、「ポリフォニー」、「対話という主体」、などの新しい視点が社会科学にもたらされた（ここでは、対話は会話と比べより明確なテーマを持ち共同探求の色合いが濃い、くらいの定義にしておこう）。「生きた言葉」の意味は、対話における言葉は字義通りの固まった意味ではなく、そこでのやりとりを通して新たな意味を獲得していくことである。対話において言葉は、受け身的な道具ではなく自立し意思を持った存在となる。以前使用されたある言葉には使用した人のいわば「足跡」が残っている――こんなことは実証主義者の誰が思いつくだろう！　例えば前作を踏まえて新しく和歌を詠むときはまさにその「足跡」を意識している。一方、「ポリフォニー」とは、対話における人々の声は多声楽のようにそれぞれ自立したいろいろな声が、どれが正しくどれが間違いということなく、衝突し、摩擦し合い、あるいは混ざり合うことを言う。話者多勢の声が集められてポリフォニックであるばかりか、一人の話者の中にこれまで出会った人々の声が棲みついているという意味でもポリフォニックである。よってポリフォニーには二つの意味がある。「対話という主体」とは、参加する人たちに加えて「対話さん」というもう一人がいるかのようにイメージしたらよい。あるいは、参加者が会話を一方的に制御できないのは、対話することでのみ生まれる余剰部分があるからと言ってもよいだろう。

これら「生きた言葉」、「ポリフォニー」、「対話という主体」などが精神療法の場に持ち込まれると、その対話経験はどのような違いを臨床現場にもたらすだろうか？　患者は固定化された言葉からの解放を感じてよいし、唯一正しいとされる見方から移行しいろいろな声の正当性を承認してもよいし、ポリフォニックな複数の声や見方が彼や彼女の経験世界を彩っていると考えてもよいし（これは幻聴、幻覚も一つの声とするという意味である）、対話が自分を再構成していく様を感じとってもよいし、対話を意思を持った主体として実感できるかもしれない。信じられる対話は、そのまま社会性を取り戻す契機にもつながることだろう。ここにおいてサイコセラピーは大きな転換を迎える——対話そのものを信じるという専門性が実は治療者の技量だったことに気づかされるのである。臨床においてのこの対話観は、専門知識を駆使して、いろいろな処方や介入を通して治療者が患者を治すという臨床モードからはかなり距離を置くものである。

Ⅲ　「無知の姿勢」（Not-knowing）

臨床モードから対話そのものを信じることへ治療者の専門性が変わった、とは、すなわちその専門性は、「治す専門家」から「協働する専門家」へとその軸足を移したことにある。「協働する専門家」は、コミュニケーションがフィードバックで結ばれる双方向の関係であること、患者の言葉の意味はそのコンテクスト（文脈）理解と同義であることを踏まえた上で、いかに対話を促進していくかという点に焦点が合わされる（ためしに患者の家庭を訪問したら、コンテクスト理解の意味が了解できると思う）。なぜなら、薬や介入が治療的なのではなく、対話そのものが治療なのだから。目前にある対話を成立させることが治療なのである。その際どのようにしたら臨床家は対話を促進させることができるだろうか。これに対する一つの解答が、グーリシャン Goolishian の示した「無知の姿勢」（Not-knowing）である（Anderson & Goolishian, 1988, 1990）。では、「無知の姿勢」とはいったい何か？

患者の身体の生理学についての専門性は医師にあるが、患者の苦悩に関する専門性は医師にではなく経験主体としての患者のほうにある。専門知識をわかろうとするならば、「専門家」に聞いてみるしかないのだから、「何にどう困っているか」を知りたいときは患者に聞いてみるのがよい。すなわち専門性がずれるわけである。人生に埋め込まれた病いの意味、苦悩の内容、障害に伴う不都合など、患者に聞いてみて初めて理解可能である。「知らないのでそのことを教えてくれますか？」、「それってこういう風に解釈して間違っていませんか？」と医療者の側から尋ね質問することを「無知の姿勢」と呼ぶ。この質問や構えがいかにそれ以後の会話を弾ませていくことか！　これは誰しも試してみたら即座にその効果を目の当たりにする。「無知の姿勢」とは、聴き入ることではない――むしろ相手が「よくぞそのことを聞いてくれた」と膝を打つようなところに向けられた、はなはだ積極的な知的行為を言う。「これを聞いてみよう」と前もって決めた質問ではなく、会話の流れから顔をのぞかせる、その会話の中に息づくローカルな（そのときその場の）好奇心による問い掛けである。相手の人間性への関心の表れと言い換えてもよいだろう。アクティヴな会話、積極的な表現、的を射た問い掛けが重視される「無知の姿勢」は、クライエント中心療法における「傾聴」とはたいへん異なる。

医師は生理学、診断、薬の専門家として、患者は人生における病いの意味とその不都合についての専門家として、両者は水平な関係で協働作業が可能となる。対話という主体は、医師一人でも患者一人でも単独で行き着かない何かを、対話を通して行き着くことを見せてくれるだろう。しかし、それには条件があって、対話を殺してはいけないのである。ちょうどわが子の成長を見守るように、いかにして対話が育つかに全身全霊を打ち込んだとき、対話は必ず豊かなものとなり、発展していく。したがって、対話は人間関係と同義である。

このような対話に必要な条件とは、階級差が前面に出ない水平関係を保つことだが、対話がもし社会的役割のみから導かれると、自由度をある程度奪われる関係となり、新たな領域に踏み込む力を失うことが多い。やりとりが紋切り型になる危険がある。もう一点、大切なのは、専門用語を使わないことであろう。参加者すべてが了解できる日常の言葉、これをローカルな言語とも言って、「そのときその場」に限った、その場で通じる言語活動を指して言う。

Ⅳ　二人称の時間（あるいは素の時間・E系列の時間）

では、時間は対話とどう関わっているというのだろう？　そんなことは自明である、一方的に話そうと、または水平関係で話ができようと、流れる時間は同じ時間である、と思われるかもしれないが、それがそうとは言えない。先ほど「ナラティヴ・ターン」という言葉で、コミュニケーション世界の認識論が大きく変わったことに言及したように、これを「タイム・ターン」と呼びたいのだが、時間を見る人の位置を、ナラティヴのときと同様、外側から内側に移動させたら、時間はどう見えるのだろう？　五分で終わる診療は、時計の時間であり三人称で指し示すことのできる、世界中で同期したグローバルな時間である（時差は時間差をもって同期しているのだから）。ところが、個人が経験する同じ五分は短くもあり、長くもあって、個人差があると考えてよい。この時間は三人称から眺めれば「錯覚」であるが、一人称から眺めれば「現実」である。

もしこの「現実」に焦点を合わせるとすると、時間はどうなるのか。これがナラティヴ・ターンから導かれる時間の問題意識である。ここでMcTaggart（1927）に従い、時計の時間をB系列と呼び、個人の時間をA系列とする。すると二系列に分けたとたん、A系列とB系列の違いはドラマチックに現れる。前者には時間の流れ（過去・現在・未来という時制）があるが、後者には前後関係（それより前かそれより後か）しかなくなる。つまり、時制がなくなる。時計のどこを見ても過去・未来はおろか現在すら同定できない。時計の時間は人の生から遊離した抽象物であり、大森荘蔵の言うところの「変造物」（大森，1992）である――物理学や日常生活においてどれだけ有用であったとしても。したがって、B系列の時間は客観的で頼りになる時間、A系列は個人の感じ方による当てにならない時間、として片づけてしまえない。なぜなら語られるストーリーは、個人の時間軸上にプロットされて初めて整合性を保つA系列の時間に息づいているからである。人の語りに耳を傾けるというのは、その人の記憶と予期で構成された時間世界に入り込む行為を意味する。

ナラティヴの視点からは以上のことが指摘できるが、次に対話の視点からの時間を考えてみよう。すると、ここにもう一つコミュニケーションや対話にとって決定的に重要な時間があることに気づく。それは、A系列でもB系列でもない、対話者同士が作る時間のことである（野村ら、2015）。次のように考えてみる。二人が片足ずつ縛って二人三脚を始めるとき、どんなタイミングでもって二人は足を出し合うのか。タイミング（timing）であるからして、まさに時間の進行形が問題にされる。それは、時計の時間（B系列）でもなければ、ひとり個人の時間（A系列）でもないはずだ。両者のコミュニケーションによって作られ、かつ生成を続ける時間のことである。これをE系列の時間という（野村ら、2015）。またの名を、精神科医・樽味伸は「素の時間」と呼び（樽味、2006）、二人の参加者がユニットとなってお互いに紡ぎ出す対話という時間であるから、「二人称の時間」と呼んでもよい（野村）。E系列の時間は、二人とは限らない複数の参加者同士が、コミュニケーションをとりながら時の刻みを相互調整し、同期（synchronization）を保ち続けていく試行錯誤の過程を言う。この同期による時間は、世界的（グローバル）に同期しているB系列に対して、そのコミュニケーションの現場に限定して同期するため地域同期（ローカルな同期）と言う。

このように対話の特徴として、時計と異なる時間世界を持つという性質が浮かび上がる。双方向のやりとりが、社会的役割から少し距離を置き、社会的階級差を一時的に忘れ、「人と人」として向き合ったとき、発せられる言葉は生きているはずであり、お互いが通じる言葉で紡ぎ出していく二人称の時間は芸術活動に似て、過去がどうこうではなく、時は金なりの量的時間でもなく、今という瞬間の連続としての時間が、あたかもダンス、綱渡り、二人三脚、シンクロナイズドスイミングのように、関係性の中にある時間を構成していく。時計がそうであるように、時間はおしなべて「区切り方」の問題なのだから「時刻」と言い、刻と刻の間を「時間」と称している。なぜここで時間が問題なのかと言えば、それは時間が実体としてあるからそれを「区切る」のではなく、「区切る」から時間が生まれるという理由からである。

Ⅴ　対話のすがた

「無知の姿勢」と「二人称の時間」を、筆者は対話の基本的特徴として挙げてみたが、このほかにも対話を特徴づける要素がいくつかある点も忘れてはならない。日常生活において、私たちの言語・非言語表現には、まだ表現されていない部分、未だ語られていない部分（not yet said）が必ずあるものである。「未だ語られていないことの無限性」とガダマー Gadamer（1975）が呼んだ領域は、あたかも地下資源のようにまだ語られずに埋まって残った言語領域である。すると対話はそれを念頭に参加者が探し当てようとする共同作業の過程と捉えることができる。

また、バフチンの言うポリフォニーのうち、自分の中に諸々の声たちが棲んでいるとすれば、それらがお互い同士言葉を交わすこともあるだろう。思考の言葉へのつながりは直線的ではなく対話的だとして、ロシアの言語学者、ヴィゴツキー Vygotsky（1934）はそれを内語（inner speech）と呼んだ。私たちは自分自身にも語りかけ、自分の中でも対話する。つまり、見える部分での対話状況は、見えない部分での「内語」としての対話状況を伴っている。表の対話が意義深い分だけ、またそのやりとりが言語的可動性に満ちている分だけ、内なる対話も活性化され、患者に質的変化を及ぼすことだろう。診療の帰り道、この人（患者）はどんな会話を自分自身と交わすのだろうか、と臨床家が思いめぐらすこともまたこれに相当する。

そのような対話には、愛おしささをも感じるものである。グーリシャンはこれを「会話への愛情」（intimacy）と捉え、ある日ある場所での医療者と患者との対話は、診断名やガイドラインから離れ、出会いと対話の場として捉えた場合、それは世界に一つしかないユニークな存在として位置づけられる点に注意を喚起した。臨床家は患者に（とりわけ良い方向に）変化してほしいと願う。しかし、その変化は一方にだけ起こるのではない。コミュニケーションの双方向性の原理から、変化は両者に訪れる。言い換えると、医療者の対話に臨む姿勢とは、自らもそれによって変化するという事実、変化のリスクを自ら覚悟することを意味する。「人は変わるが、自分は変わらない」は、対話の原理ではありえない。もう少し言うならば、自らが進んで変化した分だけ、相手が変化しているのである。対話の世界に身を置くと、このようなやりとりの現実が見えてくる。

臨床における対話とはなにか、というテーマを中心に論じてきた。では、対話の視点から眺めると、臨床家としての専門性とはいったいなんだろう？　それは、グーリシャンの表現を借りるのなら「対話そのものに賭けていく能力」（Anderson & Goolishian, 1988）となるだろう。対話に信頼を置きそれに賭けていくにはコミュニケーションにおける理論的強靭さを要求される。診断学を信頼しなければ診断できないように、「対話学」を信頼しなければ対話はできないだろう。臨床的な対話は、一朝一夕で身につくものではない。理論的研鑽と臨床的試行錯誤の交互の進化を要求してくる。手始めはごく身近なところからでよいと思う。いつもと違う質問を、その場に即して患者の目を見て投げ掛けでみよう。例えば「今日の服いいね。これ着てきたわけは？」

文　献

Anderson, H. & Goolishian, H. A.（1988）Human systems as linguistic systems: Preliminary and evolving ideas about the implications for clinical theory. *Family Process*, 27; 371-393.（野村直樹訳（2013）協働するナラティヴ―グーリシャンとアンダーソンによる論文「言語システムとしてのヒューマンシステム」．遠見書房．）

Anderson, H. & Goolishian, H.（1992）The client isthe expert: A not-knowing approach to therapy. In: McNamee, S. & Gergen, K. (Eds.): *Therapy as Social Construction*. London, Sage Publications.（野口裕二・野村直樹訳（2014）ナラティヴ・セラピー―社会構成主義の実践．遠見書房［旧刊　金剛出版，1997］．）

Bakhtin, M. M.（1972）*Problemy poetiki Dostoevskogo*. Khudozhestvennaia Literature, Moscow.（望月哲男・鈴木淳一訳（1995）ドストエフスキーの詩学．筑摩書房．）

Bakhtin, M.（伊東一郎訳，1996）小説の言葉．平凡社．

Bateson, G.（1972）*Steps to an Ecology of Mind*. Chicago, Chicago University Press.（佐藤良明訳（2000）精神の生態学．新思索社．）

Berman, M.（1981）*The Reenchantment of the World*. New York, Cornell University Press.（柴田元幸訳（1989）デカルトからベイトソンへ―世界の再魔術化．国文社［復刊版　文芸春秋社，2019］．）

Gadamer, H. G.（Barden, G. & Cumming, J. Trans., 1975）*Truth and Method*. New York, Seabury Press.

Kleinman. A.（1988）*Rethinking Psychiatry: From Cultural Category to Personal Experience*. New York, The Free Press.（江口重幸・下地明友・堀有伸ほか訳（2012）精神医学を再考する―疾患カテゴリーから個人的経験へ．みすず書房．）

McTaggart, J. E.（1927）*The Nature of Existence, Vol.11*. Cambridge, Cambridge University Press.

野村直樹（1995）患者―看護者のコミュニケーションにおける悪循環の構造．看護研究，28; 49-69.

野村直樹（1996）語りから何が読みとれるか―精神病院のフィールドノートから．文化とこころ，2(3); 5-22.

野村直樹（2001）物語としての共文化―精神病院のフィールドノートを読み直す．文化とこころ，5; 145-156.

野村直樹（2015）時間を語る―精神病院のエスノグラフィーから．In：森岡正芳編著：臨床ナラティヴアプローチ．ミネルヴァ書房，pp.77-90.

野村直樹・橋元淳一郎・明石真（2015）E系列の時間とはなにか―「同期」と「物語」から考える時間系．時間学研究，5: 37-50.

大森荘蔵（1992）時間と自我．青土社．

Seikkula, J., Aaltonen, J., Alakare, B. et al.（2006）Five-year experience of first-episode nonaffective psychosis in open-dialogue approach: Treatment principles, follow-up outcomes, and two case studies. *Psychotherapy Research,* 16; 214-228.

樽味伸（2006）臨床の記述と「義」―樽味伸論文集．星和書店．

Vygotsky, L. S.（Kozulin, A. Trans., 1986）*Thought and Language* (revised ed.). Cambridge, MIT Press. (Original work published 1934.)（柴田義松訳（2001）新訳版・思考と言語．新読書社．）

第６章
ダブルバインド理論がもたらしたもの

ダブルバインドは、スキゾフレニアの初期治療で驚異的な成果を上げるオープンダイアローグの理論的基盤である。ベイトソンらによるコミュニケーションにおける「関係性言語」が、ナラティヴの言語観と相まって、新たな対話世界の創出につながった。言葉は、対話という環境に置かれることで動的な性質を帯び、相互作用の過程において新たに意味を獲得し、意思をもち、矛盾し、すり替わる「生きた言葉」の変幻自在を見せる。ベイトソンらによる「生きた世界の認識論」は、近代科学の代案（alternative）でもあり、補完でもある。

はじめに

グレゴリー・ベイトソンらによるダブルバインド理論（Bateson et al., 1956）がもたらしたものを二つ挙げてみたい。一つは、波及領域の広いものとして、デカルトの線型パラダイムとは異なるパラダイムを打ち立てたこと、もう一つは、二十一世紀精神科治療の最前線の一つ、オープンダイアローグに接続する「知の系譜」の出発点を作ったことである。一九五〇年代アメリカでは、schizophrenia（精神分裂病、現・統合失調症）の謎の解明に向け多くの研究が行われていた。同時に、全米各地において、ばらばらにではあったが、患者の家族を同席させる治療形式、後に family therapy（家族療法）と呼ばれるものが始まっていた。ベイトソンと彼の研究班が、ちょうどこの頃、コミュニケーションの階層性（論理階型）に着目してスキゾフレニック・インターアクションの分析から編み出した仮説が、いわゆるダブルバインド理論（二重拘束論）である。ではそれが、どうして非デカルト的パラダイムなのか？　どこでオープンダイアローグとつながるのか？　順を追って解説していこうと思う。

I　ダブルバインド理論とは何だ？

われわれは、言葉で何かを伝えられたとき、言われたことの「内容」（content）とともに、その「言い方」によって示された自分との「関係」（relationship）に注意を払う。この二種類のメッセージ、つまり「内容」と「関係性」は、それぞれ異なる抽象レベルに属していて階層性をもつ。われわれが後者から前者の意味を読み取るというのは、その階層性の由縁である。この階層性を「論理階型」（logical types）と呼ぶが、問題は「関係性」の方が「内容」を左右する、つまり、示された関係性によって言われた言葉の意味が同定されるという事態である。

声の抑揚、つまり言い方によって発話の意味は変わる。〝I love you!〟も言い方次第なのである。相手の意図を非言語的なサインから正確に読み取る能力は、ヒトにとって生存上不可欠の条件であるが、「言う内容」と「言い方」というセットは、一つとして受け取られ、学習され、成長する中で自然に使いこなせるようになる。したがって、われわれは、もし「言っていること」（内容）と「言い方」（関係性）の間に矛盾を感じた場合、迷わずその「言い方」を優先して「言っていること」の意味にさじ加減を加える。それで大方の社会生活は営まれるが、中には「言っている内容」が本当なのか、「言い方が示す関係性」が本当なのか、わからない場合も少なくない。ふつうは他者からの助言やこれまでの経験から割り出してその曖昧さに対処していけるものである。

しかし、もしその意味の読み取りが自分の生存に直結している場合、あるいは今後の人生を大きく左右するというような場合、状況は異なるだろう。大切にしている人との関係において、そのありよう（関係性）を伝えるはずのメッセージが、霧に包まれてしまったり、すり替わってしまったりしたとき、底知れぬ不安に襲われるのは不思議ではない。たとえば、いま自分の目前で話している相手が、会話が始まったときから思っていた相手と全く「別人」だとわかったとき、あるいはそれがこの世の者でないと判明したときを想像されたい。そのとき人はどのような反応を見せるだろうか――とっさに、またすこし時を隔てて――。異常な状態に対する正常な反応は、ときとして「異常」なものになる。

加えて、一度だけの関係性のすり替えに留まらず、「関係性の読み取りを正確に行ってはいけない」という学習を繰り返し余儀なくされた場合の正しい適応とはどのようなものだろうか。この質問の仕方にベイトソン研究班の問題意識の特徴が窺える。ダブルバインドはコミュニケーションの学習の産物であって、言語的メッセージと非言語的メッセージの一つの矛盾だけを指すのではない。すなわちそれが持続性をもって年月をかけて学習されたそのシークエンスのことである。形式上、ダブルバインドは、二人以上の関係の中で、発せられたある禁止命令が、同時にもう一つの関係性のレベルで否定され、どちらをとっても受け手は「犠牲者」となって罰を受けるような形式を備えたコミュニケーションを指す。それでいて命令に従わないことは、生存への脅威もしくは厳しい処罰につながる可能性をもつため、「犠牲者」は窮地に追い込まれ、矛盾する二つのメッセージの間を揺れ動く。

ベイトソンらが使った有名な例がある(Bateson et al., 1956)。スキゾフレニアの強度の発作から回復した若者のところへ母親が見舞いにきた。喜んだ若者が衝動的に母親の肩を抱くと、母親は身体をこわばらせた。彼が手を引っ込めると、今度は母親は「もう私のこと好きじゃないの?」と尋ね、息子が顔を赤らめるのを見て、「そんなにまごついちゃいけないわ。自分の気持ちを恐れることなんかないのよ」と言い聞かせた。若者はその後数分しか母親と一緒にいることができなかった。母親が帰った後、病院の清掃夫に襲いかかり、ショック治療室に連れていかれた。このエピソードでは、母親は息子に対し「自分の気持ちを恐れるな」と禁止命令を出した一方で、延べられた手に対して身体をこわばらせて「自分の気持ちを恐れる」という矛盾した反応を(コミュニケーションの階層間で)見せている。あるいは、「誰が自分の気持ちを恐れているか」の主体が、母親から息子にすり替わってしまっている(野村ら、1987)。

Ⅱ　それがなぜ重要なことか?

二〇世紀の中期に書かれたこの論文(Bateson et al., 1956)は、一精神病の病態とそれにまつわる病因論の域に留まらなかった。一九五〇年代のアメリカで患者と家族を一緒にコンサルテーションし始めていた臨床家たちは、そのような場に使える理論が必要であったにもかかわらず、それまでの力動精神医学など個人を治療の対象と捉えてきた理論をベースに、いくぶん不自然ながらも、そのいわば借りものの理論で治療に臨んでいた。そこにダブルバインド理論が現れた。視界は一気に開けた。家族という相互行為の文脈に埋め込まれた病理の様相を説明できる言語が手に入ったのである。この理論が世に出たことで、ファミリーセラピーは大いにエネルギーを得て、これがその後の発展の押し上げ効果につながるとともに、独自の理論と認識論を進展させるに至った。

すなわちこれまでの精神医学や心理学からくる個人の属性を示す「個を語ることば」（個体言語）から個人と個人の間のやりとり、つまり「関係性を語ることば」（関係性言語）への移行である。コミュニケーション、すなわち関係性の言葉でもって、精神病理を語り切ったこと、これがダブルバインド理論のもたらした真の功績である。これによってファミリーセラピーは理論的基盤を強固なものとし、後のナラティヴ・セラピー、オープンダイアローグへの発展の種子を宿すことになる。この点については後に論じていくが、ダブルバインド理論がもたらした非デカルト的パラダイムとは、どのようなものか簡単に触れておきたい。

デカルト以来、近代科学が依拠してきた線型モデルの因果論（linear causality）は、唯一正当なものであると今や考えられていない。二〇世紀初頭に発展をみたサイバネティクス、システム理論、コミュニケーション理論等の登場をもって、円環モデルの因果論（circular causality）がサイエンスに組み込まれることになったが、その際の立役者が「フィードバック」（feedback）という概念である。これによって、線型の因果論も円環の因果論の一部と見なされることになる。

図１、２においてCはFの原因であるが、FがCの原因でもあるという逆因果性（backward causation または retrocausality）が視界に入ってくることになる。「引きこもり」が原因で「叱る」のか、「叱る」が原因で「引きこもる」のか。あるいは、「嫌い」の表明が原因となり相手を「避ける」のか、「避けられた」こと

図１　円環的因果論１

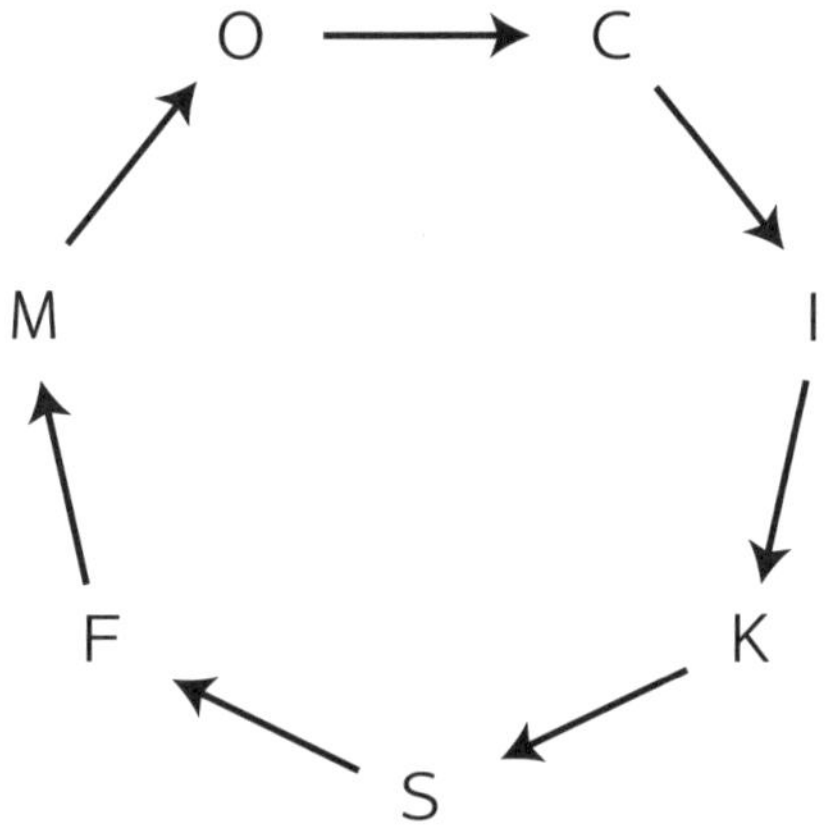

図２　円環的因果論２

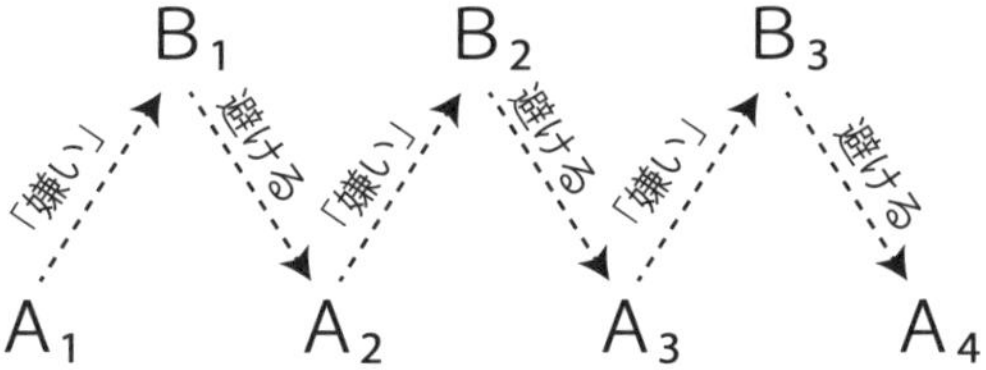

図３　円環的因果論３（Watzlawick et al., 1967 より）

が原因でその人を「嫌い」になるか（図３参照）。それは、円環的に連鎖を見せるコミュニケーションのシステムとして捉えられる。それらの「ぐるぐる舞い」は、日常においても臨床においてもよく目にする事象である。

因果論（causality）は、広く自然科学から生理学、社会学に至るまで、それぞれ舞台の中心に躍り出る主要テーマである。物理学などは別として、近代科学が得意としてきたのは、動き（変化）を想定しない、止まった個体についての記述と分析である。それは、三人称現在形で語るというスタイルのもと、同定できない観察者の言葉として表される。もちろんこのような形式（discourse）には、大きな利点が当然のことながらある。研究論文の多くも、この形式で書かれるが、その際書き手は、全能の神なのか、公平無私の観察者なのか、それとも著者なのか、はっきり見定めることができない。

筆者は、近代科学の祖と呼ばれる人間デカルトは好きであり、かの『方法序説』は愛読書の一つなのだが、デカルト的パラダイムにおける、科学的理解というのは、おしなべて「分ける」、「測る」、「集める」に集約されてしまう（Berman, 1981）。そこでは、事象の理解には、まず「分割」が欠かせない。国語、算数、理科というふうに学力を分けて対処する。あるいは身体を呼吸器系、消化器系、循環器系などと分けて診断する。次にそれらを数値で置き換えて「測り」、その測定値を割り出す。そして、最後にそれらを「集めて」総合学力、総合健康指標がまとめられる。この機械的、操作的な理解の仕方は、主観を排除した客観的なものではあるが、理解の対象となるものが置かれた文脈（context）およびその対象が一部となって構成するシステム全体および近隣との関係性については、無言のままである。しかし、実際のはなし、多くの臨床場面においては、相手は刻々と変化する。こちらの動きと相手の動きは一瞬のうちにズレたり同調したり、変化の渦中にある、そういう「生もの」である。それは、まさに自分と切り離されていない世界と向き合う言葉の必要性を訴えている。

Ⅲ　いざ、ナラティヴ・オープンダイアローグへ

人は催眠下においても幻覚や幻聴を体験する。われわれ文化人類学者もフィールドワーク中、異文化での孤独や不適応から、しばしば幻覚、妄想をくぐり抜ける。それは個体の自然な心理反応であって異常ではない。適応のかたちである。「声が命令してくる」という発話も、その陳述（内容レベルで）と同時に、周りへの救助信号（関係性レベル）を発しているのである。つまり、精神病と言われるどのような病理もコミュニケーションの一般則を満たしている。したがって、スキゾフレニアと呼ばれるものも、ベイトソンの指摘のように、多くは「特異なコミュンケーションの習性」（unconventional communicational habits）と考えた方がよいと思われる（Bateson et al., 1956；野村・宮本、1995；野村、1996；志村ほか、1985）。

双方向性、コンテクスト、そして論理階型（階層を伴ったコミュニケーション）の視点から事象を眺め直すことで、世界の見方は大きく変わる（Bateson, 1972）。このようなコミュニケーション的世界観のレールを敷いたのが、ダブルバインド理論であることは述べたとおりだが、この双方向性という原則の徹底において、ファミリーセラピーは抜きん出た存在だった。双方向性、論理階型、コンテクストなど、ベイトソン的フレームを愚直に取り入れ実践に移した領域は他に例を見なかったのである。ここにファミリーセラピーの特異点があった。この認識論が盤石であったからこそ、ファミリーセラピーという領域がポストモダン思想の大波と洗礼を受けたとき、その理論的枠組みを残したまま、語り手を観察者から参加者に自然に移動させ

ることで、ナラティヴの世界がそっくり現れることになった（とはいえ、ファミリーセラピーも一九八〇年頃の停滞期と批判の中からの試行錯誤の末のナラティヴへの到達ではあったが）。

人生や苦悩は実体ではない。それらは物語、ストーリーである。そして、「自分のストーリーを語る」には、私的な真実、すなわち「物語的真実」が必要である。歴史家が史実を同定するとき、起きた事件は時間的順序の中で「歴史的真実」となる。一方、患者が自分の病いの経験を語るときの陳述は、物語的真実に当たるだろう。それは、直に関わり参加する意識から発せられた真実のことである。二つの真実は論理階型が異なり、真実においての優劣はない。歴史的真実に「私」という主語を挿入すると、「私込み」の歴史が生まれ、それが物語的真実にほぼ相当する。物語的真実を双方向の文脈の中で実践可能としたものがナラティヴセラピー（ファミリーセラピーの一形式）である。

ファミリーセラピー以外の分野がここで水をあけられた理由は何だろうか？　それは、他の分野には二重のハードルがあったからであろう。第一は、オブザーバー（実験者、研究者）がフィードバックの構図から外されていたことであり、そうして学問が成り立ってしまったことである。心理学実験での被験者は実験者の影響を受けないことになっている。村を調査する研究者が村のありようを変えている、などと村落研究では考えない。また、医師に伝える主訴が医師との関係の産物だとは診断学では考えない。精神分析における逆転移はその例外かもしれないが、多くの科学が、オブザーバーを記述に組み入れた方法論を編み出せないでいた。実験者の出す結果も、社会学者の調査も、医師の診断も、それぞれの専門家たちの「物語」なのである。この点を認めるか否かは、当該分野の存亡に大きく関わる。文化人類学は一九九〇年代にその存在意義を疑われ、学問として根底からそのあり方を問い直させられる状況に置かれた。そこからの再生に賭けたのである。多くの分野が防衛的になるのは当然である。

そして、第二のハードルとしては、本質主義に基づく科学観により、真実は一つであり、その探求こそが科学の役目であるという根強い科学信仰が挙げられるだろう。この意味で、一九五〇年制作の黒沢明監督の映画『羅生門』は世界の社会科学者を驚かせた。真実がかくも多様な姿をもっていることをまざまざと描いたこの傑作は、後にオスカー・ルイスLewisをして「羅生門的テクニック」という方法でメキシコの家族を描かせ『サンチェスの子どもたち』という人類学の名作を生んだ（Lewis, 1961）。また、この科学信仰を揶揄するかのように、心理学者ローゼンハンRosenhan（1973）は、彼の有名な論文〝On Being Sane in Insane Places〟の中で、「声が聞こえる」とだけ告げた偽患者（大学院生や大学講師など）全員が、精神病院にその場で入院となり、病棟内で彼らが「正常」な行動をとればとるほど、スタッフはそれを「異常行動」のサインとして理解したと報告した。

このような例は科学信仰の裏返しかもしれないが、自然は本質的に決定不可能であり、独立した観察者などというものは存在しない。この点は、ベイトソンの世界観と、観察者が現実に影響を与えるという量子力学が一致するところでもあろう。かくて複数の現実（現実は一つでないこと）を認めることが、社会科学のみならず自然科学の分野にも大きく立ちはだかることになった。しかし、この二つのハードルを超えないことには、ナラティヴ・オープンダイアローグへの世界とその認識論（epistemology）には手が届きようがない。その意味で、ファミリーセラピーは、ベイトソンの知の系譜の直系として第一のハードルをダブルバインドによってすでに克服していたアドヴァンテージがあったと言えよう。

そのファミリーセラピーに対し第二のハードルを超える手助けをした人物を一人挙げるとすれば、ロシアの文芸評論家ミハイル・バフチン（Bakhtin, 1972）である。サイコセラピーのポストモダン、その根幹にバフチンの対話の思想がある。バフチンはドストエフスキー文学を対話的文学と位置づけて、登場人物間の関係および作者自身と登場人物の関係がいかに対話的（dialogical）に構成されているかを解明した。同時にわれわれの世界が隅々まで対話的に出来上がっている様を「ポリフォニー」（多声性）や「カーニバル」（祝祭）などの概念を使って照射し、「生きた言葉」の世界、すなわち対話的に作られる現実を描いてみせた。

それは、コミュニケーション理論を出自とするのではなく、文芸における参加者である主人公をとおして、つまり「小説の言葉」をとおして、対話がどのように描かれるかという点の提示であった。主人公は人ではない――言うなれば対話そのものである。したがって、客観的な高見から見物をする者はそこにいない。著者であるドストエフスキーすら、それら主人公たちとの対話によって「裏切られていく」。それは、著者が始めた小説の主人公たちとの対話が育っていき、その対話が著者をも参加者の一人にしてしまう事態を指している。主人公たちの声を借りて、言葉そのものが「主人公」となっていく。このからくりの臨床科学への応用が、サイコセラピーのポストモダンと言われ、「ナラティヴ・ターン」とも呼ばれる。

バフチンの対話理論が臨床科学にもたらしたのは、対話において言葉は「自立している」、「生きている」という点である。科学の専門用語が他の解釈を許さず、ピンで留められた「死んだ言葉」と表現されるのなら、それと対照的に、対話における言葉は、「生きた言葉」として定義に縛られることなく、その言葉を使った過去の誰かの声を木霊として聞きつつも自らの意味を獲得していく。それはあたかも、先人の一句を踏まえた和歌のようである。対話において言葉はそこで待ち受ける諸々の関連やイメージに取り囲まれ、思わぬ伏兵に遭遇する不確定性の中で、新しい意味合いを獲得しようと言葉同士衝突し、つばぜり合い、摩擦を起こす。その待ったなしの境界線上において、「未だ語られなかった」世界との出会いがある——それが最終的な言葉であることはないものの。

双方向の論理（ベイトソン由来）を基底に置き、専門家も患者も水平関係の中で同等の語り手となることで、「クライエントこそ専門家である」とするのがナラティヴの視座である。ナラティヴセラピーもナラティヴ・ベイスト・メディスン（ＮＢＭ）もこの認識論をもって成立するため、医師と患者という役割が会話を行うのではなくなる。専門家やセラピストは、むしろ対話のパートナーとしてその聞き役になり教えてもらう側にまわるという「無知の姿勢」（Not-knowing）は、このことを言っている（Anderson & Goolishian, 1988）が、疾患の生理学を理解する専門知識と病いの意味を経験として知る専門知識は、専門性はずれてはいるものの、両者ともに「専門家」として対話の可能性を大きく残している。

おわりに

本稿での「ダブルバインド」は、二重拘束論だけを指しているのではなく、一九五六年の彼らの論文（Bateson et al., 1956）がその中でやったことを主に言っている。そこに新パラダイムの種子が宿っていて、臨床実践と理論が共進化する中、ポストモダンの対話理論を経て、ナラティヴ・オープンダイアローグへと発展を見せた。そのダブルバインドと対話の原理は同じ知的水脈にあるが、ともに近代科学のパラダイムから離れている。その大きな分岐点は、一言で言えば、オブザーバー（観察者、研究者、著者）が、記述の外にあるか内にあるかの違いであろう。オブザーバーが参加者の一人となったとき、記述する主体が三人称から一人称に移行する。これがナラティヴ・ターンである。これをバーマン Berman（1981）は「参加の科学」

と呼び、松野（2000）は自然科学の領域で「内部観測」とした。対話の本性についての詳しい説明は本誌次号の特集に譲るとして、ここでは出自と説明方法は違うものの、ベイトソンの「生きた世界の認識論」とバフチンの「自立した生きた言葉による対話観」は、ともに軌を一にする世界観である点を強調しておきたい（奇しくも、ベイトソンの主著『精神の生態学』とバフチンの『ドストエフスキーの詩学』はともに一九七二年に出版された）。

文　献

Anderson, H. & Goolishian, H.（1988）Human systems as linguistics systems. *Family Process*, 27; 371-393.

Bakhtin, M. M.（1972）*Problemy poetiki Dostoevskogo*. Moscow, Khudozhestvennaia Literature.（望月哲男・鈴木淳一訳（1995）ドストエフスキーの詩学．筑摩書房．）

Bateson, G., Jackson, D., Haley, J. et al.（1956）Toward a theory of schizophrenia. *Behavioral Science*, 1(4); 251-264, and reprinted in *Steps to an Ecology of Mind*. Chicago, Chicago University Press, pp.201-227, 1972.（佐藤良明訳（2000）精神の生態学．新思索社，pp.288-319.）

Bateson, G.（1972）*Steps to an Ecology of Mind*. Chicago, Chicago University Press.（佐藤良明訳（2000）精神の生態学．新思索社．）

Berman, M.（1981）*The Reenchantment of the World*. New York, Cornell University Press.（柴田元幸訳（1989）デカルトからベイトソンへ―世界の再魔術化．国文社．）

Lewis, O.（1961）*The Children of Sanchez: Autobiography of a Mexican Family*. New York, Random House.（柴田稔彦・行方昭夫訳（1969）サンチェスの子供たち．みすず書房．）

松野孝一郎（2000）内部観測とは何か．青土社．

野村直樹・志村宗生・志村由美子ほか（1987）すりかえ―インターアクションの視点から．家族療法研究，4; 137-146.

野村直樹・宮本真巳（1995）患者―看護者のコミュニケーションにおける悪循環の構造．看護研究，28; 49-69.

野村直樹（1996）語りから何が読みとれるか―精神病院のフィールドノートから．文化とこころ，2(3); 5-22.
Rosenhan, D.（1973）On being sane in insane places. *Science*, 179; 250-258.
志村由美子・志村宗生・牧原浩ほか（1985）自殺企図をくり返した分裂病者の家族療法．家族療法研究，2; 49-56.
Watzlawick, P., Beavin, J., & Jackson, D.（1967）*Pragmatics of Human Communication*. New York, W. W. Norton.（尾川丈一訳（2007）人間コミュニケーションの語用論．二瓶社．）

第7章 ベイトソンのアルコール依存症理論

「自己なるもののサイバネティクス」を読もう！

この論文を初めて読んだときはたまげた。圧倒された。その説明力と深さにだ。「こんな論文があるんだ」、「これは狭い科学の域を飛び越えているぞ」、そう思った。もう三〇年前のことだ。以来ずっとこの論文を読みつづけている（へー三〇年も……貴様のその頭の悪さには気が遠くなる）。ぼくは現在のところ文化人類学者をしている。この商売、つぶしが利いていいが、金にはならない。

ベイトソンのこの論文だが、扱うスコープがめちゃ広い、広すぎるくらいだ。存在論、認識論が出てくる。サイバネティクス、システムの理論が出てくる。フロイトの精神分析理論が出てくる。アルコホリクス・アノニマス（ＡＡ）の哲学、教義が出てくる。生物界の対称性と相補性が出てくる。そして、〝アル中〟さんの世界観や心のうちが出てくる。

なぜそんなにあれもかれもと出てくるのかって？　ものごとを複雑にしてしまわないか。難しい理論をたくさん出せば読む人は尻込みしてしまうではないか。

そう、深い思考の苦手なぼくも尻込みした。しかし、読み始めてみると――理解の度合いとは別の次元で――いささか違った感覚を味わう。一種の温かさに包まれる。この思考の持つまっとうさというか、なつかしさ、あるいは哺乳類としての共感？ というと大げさか……なにか体の中に本来の力をもらったような、いろんなことが可能であるかに見えてくる、そんなパワーと温かさをくれる。

ほんとか？ そりゃー貴様だけだろ！ もともとの読みが低空飛行なんだからそんな負け惜しみを言ってんだ。

多くのぼくのところに来る大学院生もそう証言する。ぼくが最近ちょくちょくやっている「ベイトソン・セミナー」の参加者からもそう聞く（実証的証明を出せって？ そんなのは「シランペッタンゴリラ」だ）。この論文はね、一人で読まないほうがいいよ――危険という意味ではないが。それは読み方が一つではないからだ。多くの違った読み方がこの論文にとってはよりよい読み方だからさ。このタイトルに掲げた「読もう！」というのは「みんなで読もう」という意味のつもりだ。

どう読んでもいいんだなんて、それこそご都合主義ってもんだ。ディシプリンはどこへ行くんだ？ 正しい読みを教えないのなら教える者として責任放棄じゃないか。

誰かが教えてくれたよ。「ベイトソンはものごとの骨格ではない、ベイトソンは表情なのだ」と。この指摘は的を射ている。だから「表情」としてのベイトソンを大事にして読んでいこうっと。

「表情」って、どういうことだ？　相手の顔色をうかがって意図することを推し量ろうなんて、まっぴらごめんだぜ。そんなのどこが科学と言えるんだ？

「表情」はたしかに詩的表現だが、言葉だけでは全部言い切ってしまえないことをそう呼ぶことにしよう。言葉一つで押さえきれないからいろんな角度から光を当てた方がいい……。

その問題の論文とは――ベイトソンはこれをエッセイと呼んでいるが――The Cybernetics of the"Self": A Theory of Alcoholism（「自己なるもののサイバネティクス―アルコホリズムの一理論」）と題された、ベイトソンが一九七一年、アメリカのジャーナル〝Psychiatry〟に出したものだ。この「エッセイ」は彼の著書〝Steps to an Ecology of Mind〟（邦訳『精神の生態学』）に佐藤良明氏のすばらしい翻訳でもって収められている。

でも聞いとくが、どだいベイトソンって誰なんだ!?（やはりそう来たか！）

グレゴリー・ベイトソンGregory Batesonは、アメリカで活躍した英国出身の文化人類学者だ。その研究範囲は人類学はもとより、生物学、コミュニケーション理論、精神医学、エコロジー、美学にまで及び、二十世紀を代表する知性として社会科学に多大な影響を与えた。哲学も人間科学も、結局は人間止まりだ——生物の世界まで出ていくとパンクする。一方、ベイトソンの科学は生物界まで同じ言語で語ることを可能にしたんだ。精神分裂症（統合失調症）に関するダブルバインド理論は中でも有名。モリス・バーマンBarman, M.（『デカルトからベイトソンへ』、国文社、1989）に言わせれば「デカルトの二元論を超えた二〇世紀最大の思想家」ということになろう。紙数からして詳しい説明はほかに譲るけれど。

そのベイトソンがアルコール依存症者の住む世界をコミュニケーション的に描いたのがこのエッセイだ。ただベイトソンはそれを、われわれが一般的に想定している「自己」（あるいは西洋的自己）という概念のまずさとともに語るという手法をとっている。このため話は単にアルコール依存症者の病理にとどまらない。

どうして「西洋的自己」を持ち出さなきゃいけないんだ？　東洋人だって、日本人にだって依存症はあるじゃないか。そういう曖昧なスタイルをとるのは何か理由でもあるって言うのか。はっきりしてもらいたいぜ。

ベイトソンはなぜそんな語り口を選んだのだろう。話を拡散する目的はどこにあるのだろう。それは拡散なのだろうか。ベイトソンがほんとに語りたかったことはタイトルにある「自己」の概念か。アルコール依存症の理論か、システム理論か、ＡＡの哲学なのか、それとも別のことか。これは何かのメタローグなのか、つまり喩えや比喩なのか。それとも全部がパロディなのか。この論文を対話的に読んでいくことでこのへんの謎にも迫ってみたい。

なにが対話的だ！　そんなのに入ろうとは思わないね。確固たる結論に届かないような話し合いは時間の無駄だ（誰も入れてやるとは言っていない）。

この論文の冒頭部分で、ベイトソンははじめアルコール依存という嗜癖の世界をサイバネティクス（システム理論とここでは同義）の理論で説明してみようと思った、と書いている。その際ＡＡの更正にむけての「輝かしい業績」を参考にしてやってみようと。ところがいざ進めてみると、ＡＡという組織またその教義それ自体がシステムの理論と深くかかわっていることにベイトソンは気づいたのだ。まったく出自の違う二つのものが偶然のように一致している。異なる言葉を使用しながら根底に横たわるのは共通する認識だった。ＡＡの創始者がシステム理論を使って団体を創設したのではないのは確かだ。が、この一致はベイトソンを芯から驚かせたに違いない。そのためこの研究の範囲は、（1）アルコール依存の世界、（2）ＡＡの更正プログラム、（3）ＡＡという団体、組織のもつ特徴、というこの3つの領域に広がることになる。これらのテーマをシステム理論という視点から読み解いていく研究に取って代わった。

だがそもそもベイトソンの言うシステムの理論、あるいはサイバネティクス？というのがそんなに切れのいい理論なのか？　システムなんてそのへんにごろごろしてるじゃないか。

システムという言葉は多くの人にとってふだん耳にすることはあっても、それを深く考えたことはないし、まして専門書を紐解いて面と向かって勉強した人は少ないんじゃないだろうか。「システム」はわれわれの生活の中に溶け込んでいる。経済では「流通システム」だし、台所だって「キッチン・システム」だ。空調設備は言うに及ばず、家族だってシステムになりかねない。そんな現代、「システム」は掃いて捨てるほどある。

じゃ言ってもらおう、今さらなぜ「システム」なんだ？

それを一口に言えば、世間で言うシステムには「自分」が入っていないからさ。流通も、台所も、空調も、基本は「自分抜き」のシステム。自分を入れないから資本主義の「システム」に乗るんだ。台所に奥さんを付けて売る会社はどこにもない！

それは冗談として、システムの回路に自分をその一部として取り込んだとたん、世界はまったく違って見えてくる。「お酒を飲む」をシステムとして見ると自分の外に酒瓶があるのではない。自分と酒瓶はお互い大きな酒飲みシステムの一部であって構成要素なんだ。その時の「自己」の基本要素は「わたし＋酒瓶」となる、もちろん人間関係などほかにもシステムに入ってくるだろうが。

ベイトソンの世界認識では、「システム」は自分から離れた客観的な存在ではない。「環境＋わたし」というのがシステムの単位であり、「観察者（observer）＋被観察者（observed）」というのがシステムの単位なのだ。このシステムはいつも「自分込み」の理論なので、どんな言説も自分にブーメラン的（再帰的）に舞い戻ってくる。そのポイントを仏教では「回光返照ノ退歩ヲ学スベシ」と表現する。

立派なこった⁉　そりゃー、そういう見方だって成り立つさ。それでその見方のどこがいいんだ？　どういう利益をもたらすって言うんだ？

言ったようにベイトソンの理論では、この「システム」が、良くも悪くも、他人ごとではないところにその特徴がある。もう一度強調するよ、「良くも悪くも」だ。アル中さんは「自分＋酒瓶」というシステムを形成するが、アル中さんと関わる医療者は「アル中さん＋医療者」というシステムを形成する。つまり医療者として彼／彼女はそのシステムの一部なのだ。

それがどうした？

ぼくが治療やケアに関わる人間だとしよう。アル中さんのありようは医療者であるぼくに向けての上演《パフォーマンス》ということになる。また、ぼくはアル中さんを前にして治療なりケアなりを上演《パフォーム》していることになる。「アル中」とはぼくという医療従事者がいることで存続する演目なのだ。このことは現在のナラティヴ・セラピーの考え方や実践にまっすぐつながる。誰が誰に語るのかが問題であって、ストーリーはぼくから離れて宙に浮いた実体ではない。その場その時のコンテクストを抜きにしたストーリー（症状）なんてありえない。ベイトソンの科学に翻訳すれば、それが「コンテクスト」だ。

貴様の言うことは馬鹿げている。第一、その患者はアルコール依存症があるからわざわざ治療に来たんじゃないか。オレと出会ってアル中ができあがったなんて話は小学生だって信じないさ。

「アルコール依存症」は病名つまり名前であって、行為や動作そのものではない。目の前のアル中さんは、乱暴な言葉を発したり、いらいらした表情を見せたりするが、アルコール依存症という行為をしているわけではない。その場でのアル中さんの行為や表現は、ぼくという医療者の行為や表現にたいする応答なんだ。会話というシステムの中でおこる相互行為としての。その相互行為の名前が「アル中」という演目だが、この演目の出演者には医療者も含まれる。一方、「アルコール依存症」という病名は、演目ではないので医療者は含まれない。だから医療のシステムに乗ることができる。

それで貴様は何が言いたいんだ？

医療という現場では実際なにをやっているかということさ。多くの場合、会話という相互行為に費やされている。その際、精神医学とはまったく別のロジック、まったく別の力学がはたらく場に身をおいていることになる、会話という力学がはたらく場にね。たとえ医療者が権威的にふるまったとしても、それは医学の上の出来事ではなく、会話の上での出来事だ。

「アルコール依存症」は医療者としての「自分は抜き」なので医療システムに乗っかるわけだ。キッチン・システムを一つの単位にできるように。しかし会話という共同作業は医療者込みなので、医療システムの中ではカウントされない。しかしどう見ても、〝ぼく〟がやっていることはむしろこの会話なのだ。

それが貴様の言いたい「システム」ということの意味か？

半分くらいはね。

ゴタクはもういい。それでベイトソンはどうなったんだ？　「自己のサイバネティクス」とやらは？

システムと言ったとき、キッチン・システムなどのシステムと混同しないために、ベイトソンは同義の「サイバネティクス」という言葉を採用したんだと思う。そうすることで、「自分込み」のシステムの視点からベイトソンは、西洋的自己、西洋的自我というものが前提とする世界の誤りに斬り込んだ。と同時に、そういう誤りを修正する方策について関心を抱いた。

ほう、「自己という誤りを修正する方策」だって？　おもしろい。聞かせてもらおうじゃないか。

ベイトソンは「こころ」のありかに関して——サイバネティクスを援用するからだが——情報が行き渡るネットワーク、つまりその回路全体を「思考する単位」として見ている。人体に限定されたいわゆる「自己」がその単位ではない、という立場を取っている。生物の行動を理解する際、われわれはその生物が生息する環境や他の個体との関連において、つまりそのコンテクストにおいて生物の行動を理解する。だとすると、人の行動を理解するにも、個人の皮膚の内だけでは片手落ちで、そのコンテクストにおいて理解しなければわからないことになる。

当たり前だ。誰だってひとりで犯罪人になるわけじゃないさ。

たとえば、盲人の行動は杖と歩道を含めて理解が必要なのと同様、歩く盲人の「こころのありか」は人体と杖とに及んだ全体のコミュニケーション回路にある。「こころのありか」とはメンタルな特性、精神性という言葉で置き換えてもいいだろう。

貴様は大切な点を忘れてるぞ。盲人の脳にだってこころはあるだろ。それが決定的なことで、そこから指令を出せるから盲人はちゃんと歩けるんだ。杖なんぞは盲人にとってただの道具、二義的なものさ。

ぼくは盲人の頭脳を否定はしない。ただ、ぼくが相手にしているのは盲人だけでもなければ彼の頭脳でもない。言ったようにそれは「歩く盲人」なのだ。「泳いでいるときの魚」、「飛んでいるときの鳥」の話であって、死んだ魚や、剥製の鳥のことではない。その際、動きを伴った盲人の精神性に照準を当てたい。ついでに言うけど、脳の中に「脳」として同定できる一点はないよ。無数の細胞が相互に関係し、なにかしあっているのであって、最小の基本単位がなんらかの相互作用なんだ。

そんなわけで、盲人が一義的に杖を操っていると見るのは、一つの見方に過ぎない。盲人は杖を含めた「杖込み」のシステムとして思考し、方向を調整しながら歩を進める。コミュニケーション的には、杖と盲人はズレを自己修正する（思考する）システムであって、この「杖＋盲人」を自己と呼んだほうが行動を理解する上ではより正しい。

おい、待て、いろんな読みがあっていいと言ったのは貴様の方だぞ。その見方だけが正しいというんなら自己矛盾だぜ。

まいった、そのとおりだ。この見方がこの場合このコンテクストにおいてはより適合的だという、ぼくのストーリーとして聞いてくれればいいさ。

盲人が杖を取ったとたん、回路がつながりそこにメンタルな特性が現れる。それは前もって存在するのではなく、その杖を持ったときその精神性を「帯びる」ので、そこにはじめて思考が「宿る」。一つひとつの差異を認識してそれをもとに次の動きを選択していく一連の行為には、前の行為を下敷きに次に移るという意味において、その回路に原始的な「記憶」が埋め込まれている。

このベイトソンのエッセイ、いっしょに読もうか。まだこの話は続きもあることだし……。

オレは貴様のような暇人ではないわ！

文　献

Bateson, G.（1972）*Steps to an Ecology of Mind*. Chicago, Chicago University Press.（佐藤良明訳（2000）精神の生態学．新思索社．）

野村直樹（2008）やさしいベイトソン．金剛出版．

第８章 フィールドワークすること、無知であること

ナラティヴへの遠回り？

はじめまして、名古屋市立大学の野村です。今日は悠長な話をしますが、日々の臨床の現場では悠長なことを言っている暇はないかと思います。ぼくがやっていることは文化人類学といって、簡単に言ったら（簡単に言えないんですけど）少し変わった人たちを研究する分野だと言われています（これはやや不正確ですが）。ぼくが研究してきたのは精神病院という現場です。文化人類学というのは、フィールドワークといって、現地に赴いてその中に長期間自分を置いて調査する、そういうたいへん時間のかかる研究方法をとっています。この方法、つまりフィールドワークは文化人類学からは切り離すことができない作業です。

昨日からこの学会でお話を伺ってきて、多くの参加者のみなさんが研究ということ、特に質的研究という点に高い関心を示しているような気がします。その質的研究の一つが現地調査、つまりフィールドワークだといえます。そこでこの会場へ来るまで、自分の十五年前のフィールドノート（調査中書いて記録したもの）を読み返しながら、何を話そうかと悩みました。（違った腹案はあったのですが）こんな話から始めようと思います。

ちょうど一年という期間、ぼくはある関東地方の田舎に建つ一六〇床くらいの精神病院でフィールドワークをしました。アメリカの文化人類学に詳しい方はご存知でしょうが、調査は長い時には二年、二年半、短くても一年くらいはかけます。調査が目的の現地滞在です。そうやって大学での学位論文を書かされます。そんな調査をぼくがしたのは、一九八四年の夏から八五年の夏にかけての十二カ月です。人類学者というのは（以下、文化人類学者と同義）、学校から飛び出て行って、こういう研究をやって来るよ、なんて言って威勢よく出かけていくんですが、いざ現場に着くと「自分が思っていたのと全然違うじゃん」という現実に直面します。

勢い立派な研究計画書なるものを書いて、調査のためのお金なんかもらって、かっこよく出かけるのですけど、かっこいいのはここまでなのです（少なくともぼくの場合は）。フィールドワークを始めて三カ月くらい経った時には、こんなこと続けられるかよ、もう帰ろうかな、なんて真剣に考えたものです。何をやっていいのかがわからなくなって、自分は「誰」なのかわからなくなって。それだけをマジにやると、つまりフィールドワークだけをやる人間として入っていくとですね、精神病院という場所、まぁ病院という言い方がいいかもしれませんが、「居場所」がないんです。周りの人から見て、あんた誰かわからない、というわけで。先生じゃない、患者じゃない。そういうのを一年間続けるとですね、非常に精神面によくありません。ならなくてもいいのに十二指腸潰瘍になる。これはおまけで他の理由かもしれませんが、とにかく立派な研究計画にもかかわらず、現場というのはそれとはまた違ったロジックを持っているのです。

そもそもぼくが精神病院で何をやろうと思ったかというと、精神分裂病（今は統合失調症と言われています）の人のコミュニケーションを勉強してみたかったんです。コミュニケーションの研究をする上で、最も困難を伴う場所の一つが精神病院だと考えたわけです。人類学者というのはヘンなもので、自分のフィールドに関しては特に、不思議なくらいロマンチックな理解、憧れみたいなものを求めるようです。それはアフリカやニューギニアの奥地にいる部族であっても、どこかの金融街、例えばニューヨークのウォール・ストリートの企業文化を研究する場合であっても。何らかの自分が行こうとするところに関して、おぼろげなロマンチシズムを持っているものです。ぼくのロマンチシズムというのは、まさに「精神分裂病」という世界だったんです、非常にヘンですけどね。自分がもうロマンチシズムを感じているから仕方がないんです。それまでの読書で頭デッカチになっていることも手伝っています。

はじめはコミュニケーションとか会話とかそういう相互作用の観点から本格的な分析をいろいろとやってみたかったんです。が、いざ自分が現場に到着して、なるべくスタッフの邪魔にならないようにして身を置いてみると、（暗い映画館に入ってだんだん辺りが見えてくるように）現場の様子がようやく見えてきます。そこで、ここでは精神分裂病のコミュニケーションは、自分が考えてきたようなやり方で研究するのはふさわしくない、この場にそぐわないし、あまり意味をなさない、ということを了解しはじめます。事はそれだけで回っているんじゃないですから。現場のロジックと研究者のロジックが衝突するのです。

もっと複雑ないろんな要因があって、いろんなことが絡み合っている中で、分裂病の人がコミュニケーションをしている。それはある種の会話が大きな文脈（精神病院というコンテクスト）の中で起こっているという視点を優先することです。つまり分裂病だからこういう会話になるのではなく、こういう社会状況とコミュニケーションのパターンがこのような会話を構成していく。そう考える方が、民族誌的な接近の仕方に近いと言えるでしょう。

で、一から書いたものをほとんど放ってしまってですね、こりゃもうやり直さないかん、これは何かというともう、精神病院そのものを「村」のように見立てて、そこを一からどういうふうになっているかと基礎固めをした上で、その上で病棟の中で分裂病の人たちがどんな会話をしているか、ということが初めて言えるんだ、ということに気づいたのです。医療関係者の人からは当たり前じゃんと言われそうですが、そのぐらいこちらはブレが大きいもんです。このブレというのはおそらく医療に関わっている方が、そのまま自分たちの仕事現場を研究したら、そこまではブレない。こちらはもうむちゃブレるんです。もう止めとこうかという感じでブレるんです。その辺から自信を無くして、いやになっちゃって。もうこれはぼくに人類学なんてできるのかな、と本気で悩みましたけど。一年とにかく何とかですね、途中でドロップアウトしそうになったり、一人旅に出たりとか、いろんなことがあったんですが、なんとかやり終えました。

ぼくたちは大学を出発する時、何を言われるかというと、「お前の仕事はとにかく帰ってくることだよ、何かモノを書いて帰ってくること。それがミッション（使命）だよ」という言い方をされます。それはね、何も大発見をして来なさい、ということじゃないんです。時たま、行ったら行ったきりになる人がいるんです。（こんな心配は医療者が医療現場を研究する時はないでしょうが）これは人類学の恐ろしいところですが、これには名前がついていて、〝going native〟（ゴーイング・ネイティヴ）と呼ばれています。ネイティヴというのは現地ということですから、現地に行って「現地人になっちゃう」という意味です。行った先が有名な企業だったり好きな人のところだったらいいんですけどね。行った先が車泥棒のグループだったり精神病院だったりして、それで帰らなかったら大変。だからゴーイング・ネイティヴということはちょっと人類学者の間では、その理論や概念として使うのではなく、フィールドワークをしたらとにかく帰ってくる、というそのための警告です。

一年の内でぼくはいろんなことをやったわけです。写真機を持って歩いてみたり、テープレコーダで録音してみたり、変わったこととしては望遠レンズを使って撮ってみたり、あるいは一人の看護師に一日くっついて、彼の後ろをどこへ行くのも（えっ、ここまで来るの？と言われるような所まで）付いて行ったり、給食室で一日の献立を聞いたり、まあ行動学的なことから始めてあらゆるデータを採ろうとやりました。しかし最後の方になって、でもやはり、精神病棟のことでなにか大事なことがわかっていない気がしてきたんです。データはたまっていくんですけど、でも本当はよくわかっていない、というような。なにか基本的なことが欠けている、そんな気がだんだんしてきたんです。

それでぼくは「もうこれは入院しかないな」と感じて、二十一日間という短い期間でしたが、閉鎖病棟と開放病棟に、無事、「入院」したわけです。[註1] それまで八カ月間も調査していたもんですから、あんたが誰だっていうことは患者さんもわかっているわけです。わかっていますから、あっ、あの調査に来ている先生ね、くらいに思っているんですね。次の日ぼくはパジャマみたいな格好してボロい靴でベランダに出てきたら、女性の患者に言われました。「どうしたんですか？　えっ、入院したんですか？　あっそうですか、サルも木から落ちるんですね」。うまいこと言うなあって思いました。

特に閉鎖病棟内での人の行き来っていうのは、ぼくにとっては恐怖体験でした。それまでぼくはアイデンティティを隠さずに、人類学者として見に来てるんだ、ということを公言してやっていますので、こういう病棟の入院で何かものを書いたりは当然しないまでも、本当の入院とは違っている。そういうわけで、攻撃の対象になるのでは、というようなことを思ったりしました。（実際、入院患者の喧嘩がガソリンに火をつけたようにあっ！と始まるということがあります。）でもその恐怖心というのは二日も持たなかったんです。三日目ぐらいにはすでになくなって。でもたしかに最初は閉鎖状況で、夜九時になってパタンと鉄の扉を閉められると、次の朝の五時まで、ああ、どうしようここで何か起こってもすぐ誰も来ないなーという不安があったんですけど、何にも心配することはなくなりました。それは絶対に大丈夫だという妙な自信が三日目くらいから生まれてきたんです。

この方法、入院の体験というのはぼくの中に何か「化学変化のようなもの」を起こさせました。で、ちょっと楽観的になれて、良かったと思います。まず、患者さんたちはぼくの今まで歩いていたスピードの約三分の一くらいの速さで歩いていたことに気付かされました。入院するまではわからなかったんです。患者さんの歩くスピードがあれだけだった、というふうに自分の体が知るのに。わかんなかったです、それだけ鈍なんですかね（特にぼくという）人間は。

その入院を何とか終えてですね、ぼくは少し「こういうことかしら」っていう感じで自分の中で納得がいくというか、アタマの中で整理されるような時期が訪れました。それはやはり「退院」したあと十カ月以上たった頃でした。それでその頃「もう二カ月したら（フィールドワークも）終わりかなぁ」なんて思っていたので、ライフヒストリーといって患者さんの生活史を聞くということをやり始めました。今考えれば、ぼくはコミュニケーションに関心があるんで、会話やインターアクションの構造を分析することを考えていたんですが。その入院経験のあと、やはり彼らの生の声を聞かないといけないと、その時初めて十カ月以上たって気がついたんですね。それから何人かの入院患者に語ってもらえる範囲で、（話すことで疲労する場合には）二時間たったらまた来てね、というふうにくだけた感じで、その人のこれまでの人生を語ってもらったんです。

精神病院についてぼくが書いたものはいろいろありますが（野村、1989ab；Nomura, 1992；野村ら、1987）、より本格的に民族誌的なものが出版できたのはフィールドワークを終えてから十年後あるいはそれ以降でした（野村・宮本、1995；野村、1998；野村、2001）。それも病棟内でのある出来事を出版するのに（あとから当事者たちと話して十年は決して長すぎるわけではないことを知りましたが）、看護の専門誌から人類学の研究を出版することに対しての反発もありました。出来事から来る個人的影響への配慮と両方あいまってですね、すぐ出せなかったんですけども、まだ書けなかった人のこともあります。その一つ今日ここに持っているYさんという男性の事例ですが、今日ここでYさんのことを話すために（壇上に）上がってきたわけではありません。Yさんに対してぼくから「あなたのお母さんって、どういう人だったんですか」と一言聞くに至るまでに、ぼくはずいぶん時間がかかったなあと思ったんです。

それは十カ月間の試行錯誤とそれから何日間の体験入院を通して、ようやく自分という調査者が、人類学者として外部者として、「居場所」を見つけた瞬間、水平な完全ではないけどより水平な形で「あなたのお母さんって」と患者と対話できた時だったんです。それだけにそういう言葉を発せられるまでにぼくには時間がかかったということだったと思います。そう聞けたとき、いわゆる患者さんの方も自分の話を普通に、またゆるぎない自分の言葉で語ってくれているような気がします。[註2] でも語られる話の半分以上は、悲しいっていうか悲劇の人生のストーリーであって、これらについて今でも書けないということが多くあります。

そういうフィールドワークという手法は、じっくり時間をかけてそこの人たちと関わっていく有力な方法であるとはいえ、あまりにも非効率的で時間がいるし理想的とはいえない、そう思われるのも当然です。また（誰がやっても同じ成果があるとは限らず）やっても失敗するんじゃないかと心配する空気が（臨床、福祉などの分野で）往々にしてあったかと思うんです。

でも人類学者がフィールドに入っていく時っていうのは、やはり（そこの文化、社会については）知らないわけですから、かなりの好奇心にあおられて行くということはあります。好奇心を持つということは裏を返せば、その現場について全く知らないわけで、その知らないということが、実は自分を前に押してくれる原動力、つまりドライブ（動機）になるんです。[註3] そういう意味でフィールドワークと「不慣れ」ということのつながり方が、今になってぼやけながらも見えてきたのかなと思います。（不慣れな子育てなどはフィールドワークとよく似ています。）今わが家には「小さな親分」がいるんですけど、3歳になるうちの息子ですが、そのホントうるさいんですよね、「コレしてー、アレしてー」とか言って叫びますから、パパとしては走り回ってですね。今朝も朝はやく起こされて、「パパ、散歩、散歩」とせがむので、犬の散歩みたいなもんですけど、ここに来るまでに済ませて来ました。

で、もう一つ、あと時間は二、三分らしいですが、申し上げておきたいことがあるんです。それはどうやって研究者その人を研究と記述の中に組み入れていくか、ということです（小森・野口・野村編、2003）。この問題は、やはり客観的なものだけが望ましい、プラスだとする思考からはどうしても出てこないし、また方法論的にも無理な部分だったんです。（調査者の個性に関係ない現場の真実を手に入れたい要請から、その人は透明人間のように扱われてきましたが）けれども、そこが今ぼくが大きな関心をもつところです。つまり調査者である自分をどうやってエスノグラフィー（人類学でいう報告書のこと、あるいは民族誌ともいう）の中に組み入れていくか。今まではフィールドワーカーである「自分」というのは調査の対象外だったものですから。

自分を抜きにした相手の姿っていうのは、（ありえないし、あったとしても）ストーリーあるいは記述の半分でしかないはずです。それは相互作用という点から考えたらわかりやすいですが、（描かれたものがあれば、描いた人がいる）それと同じことだと思うんです。その時に人類学者は自分をどうやって記述するか。つまり全人格的な関与でのフィールドワークは一つの顔を持った個人によるものなので、その時に人類学者という存在を報告から消してしまったら、それは片手落ちのワンサイドからのみ見た画像に過ぎないのではないかと思うのです。

科学至上主義の時代からナラティヴ、語りの時代と言われる今日、あらためて考えていっていい問題じゃないかと思います。この調査者や研究者をキャンバスの中にどう描きこんでいくか、方法論的に議論できる時が来たと感じています。どうもありがとうございました。

註

1　人類学者が精神病院で患者となって調査したのには前例があります。ウィリアム・コーディル（Caudill, 1958）が一九五〇年代アメリカの私立大学附属の小さな精神病院で、自分が患者であると偽って入院し、病院全体がどのようなつながりの中で機能しているか報告した優れた研究があります。しかし、この本の中で著者コーディルは、患者であると偽って入院したことを、すぐさま後悔した、と語っています。胸が痛み、やりづらかったんだと思います。ぼくの場合は、自分が病気になって入院したというふうには、決して患者に言わないことにしました。あくまで調査のための入院であることを、事あるごと伝えるようにしました。
しかし、当然こういうスタンスで臨むことは、フィールドワークの倫理上より良いことだとしても、そのことから来る問題も背負い込みます。「じゃ、やっぱりオレたちを調べているんじゃないか」、そしてさらには「あいつはアメリカのスパイじゃないか」というふうに「妄想的」にとられる可能性もあります。事実そのとおりでした。一年間調査したこの病院に来る前、予備調査のため二カ月間他の精神病院でフィールドワークをしました。その折、上に書いたそのままのことが起こり、さらに「スパイなら殺してもいい」というように患者さんが思い始め、病棟全体も不穏になりました。ぼくは院長に退去を求められて、そこを去らねばならなかった苦い経験があります。

2　水平な対話環境を創るのには日常でも時間と手間がかかります。調査者として現地の人と向き合うときも同様で、無知なフィールドワーカーならなおさらでしょう。「相手に対して」語るモードから「相手と共に」語るモードに変換されていくと、語りは、狭い場所から広々とした場所へ踊り出たように、前進しかつ多様性を帯びます。その対話という連続を静止画像にして切り取れば、ストーリー、物語として認識され、一方、動画として見れば、会話、対話、そしてコミュニケーションとして認識されます。ナラティヴという視点は、この二つの側面に対応できるから魅力的なのでしょう（野村、2003）。ぼくたちは映画を観たあとでもスチール写真に（いい映画だったりしたら）惹かれますよね。わざわざ買って求めたりします。それはきっと動画、静止画それぞれに捨て難いよさがあるからです。静止画としての物語も動画としての対話・会話も、したがって補完関係にあります。これらの両方を含むことで、始めと終わりのある一定の物語として見ることができるし、またしかし対話を通して変化してくことも可能、という認識が作動してくれます。人にとりついた不幸の物語もまたしかりです。こういうダイナミックな捉え方にナラティヴの特徴があり、ナラティヴ・セラピーを「物語療法」と訳さない理由もそこにあります（McNamee & Gergen (Eds.), 1992）。

3　ぼくのフィールドワークはたんなる無知のような気がしますが、ナラティヴ・セラピーの分野で、アンダーソンとグーリシャンが、「無知の姿勢（Not-knowing）」という考え方を発展させました（Anderson & Goolishian, 1992；Anderson, 1997；野村、1999）。患者やクライエントは自分の苦しみの内容、経験している病いについては専門家である、という考え方です。セラピストはその「専門知識」を教えてもらう学習者の位置にあたります。この位置はちょうど現地の人の専門知識を学ぼうとするフィールドワーカーの位置にも相当します（野村、2003）。

文献

Anderson, H.（1997）*Conversation, Language, and Possibilities: A Postmodern Approach to Therapy.* New York, Basic Books.（野村直樹・青木義子・吉川悟（2001）会話・言語・そして可能性―コラボレイティヴとは？　セラピーとは？　金剛出版.）

Anderson, H. & Goolishian, H.（1992）The Client Is the Expert: A Not-knowing Approach to Therapy. In: McNamee, S. & Gergen, K. (Eds.): *Therapy as Social Construction.* London, Sage Publications.（野口裕二・野村直樹訳（2014）クライエントこそ専

門家である―セラピーにおける無知のアプローチ．In：ナラティヴ・セラピー―社会構成主義の実践．遠見書房．［旧刊　金剛出版、1997］）

Caudill, W.（1958）*The Psychiatric Hospital as a Small Society.* Cambridge, Harvard University Press.

小森康永・野口裕二・野村直樹編（2003）セラピストの物語／物語のセラピスト．日本評論社．

McNamee, S. & Gergen, K. (Eds.)（1992）Therapy as Social Construction. London, Sage Publications.（野口裕二・野村直樹訳（2014）ナラティヴ・セラピー―社会構成主義の実践．遠見書房．［旧刊　金剛出版、1997］）

野村直樹（1989a）精神病院と小学校―インターアクションから見た類似性．季刊人類学、20(2); 66-81.

野村直樹（1989b）医師と患者のコミュニケーション―ケーススタディ．In：中川米造・宗像恒次編：応用心理学講座、第13巻．福村出版、pp.295-308.

Nomura, N.（1992）Psychiatrist and patient in Japan: An analysis of interaction in an outpatient clinic. In: Gaines, A. (Ed.): *Ethnopsychiatry: The Cultural Construction of Professional and Folk Psychiatries.* pp.273-289.

野村直樹（1998）語りから何が読み取れるか―精神病院のフィールドノートから．文化とこころ、2(3); 5-22.

野村直樹（1999）無知のアプローチとは何か―拝啓セラピスト様．In：小森康永・野口裕二・野村直樹編：ナラティヴ・セラピーの世界．日本評論社．

野村直樹（2001）物語としての共文化―精神病院のフィールドノートを読み直す．文化とこころ、5; 146-156.

野村直樹（2003）ナラティヴ・セラピーとフィールドワークとの接点．In：小森康永・野村直樹編：ナラティヴ・プラクティス．現代のエスプリ、433.

野村直樹（2003）Narrative-Based Medicine（NBM）の背景―医師―患者のコラボレイティヴな関係と会話にむけて．JIM, 13(10); 839-842.

野村直樹・宮本真巳（1995）患者―看護者のコミュニケーションにおける悪循環の構造―ある精神科閉鎖病棟での患者の死をめぐって．看護研究、28(2); 49-69.

野村直樹・志村宗生・志村由美子・中村伸一・牧原浩（1987）すりかえ―インターアクションの視点から．家族療法研究、4(2); 137-146.

第9章 フィールドノートから考える医療記録

1 はじめに——書くということ

「書く」という行為が最近あらためて注目されている。でも、それはあまりにも当たり前なことで、深く考えることなく私たちは何かしら書き続けている——紙面に鉛筆で、画面にキーボードで、あるいは大空に希望の筆で。

文学批評では書くことを「エクリチュール」（Barthes、邦訳 1999）と言うが、「書く」という行為はなにも文学に限らない。幼児も動物もなにかしら書く。ジュゴンは海底に「地図」を書くと言われる。そもそも遺伝子の配列が「書かれたもの」でなくて何であろうか。「書く」行為は哲学する人間だけの話ではないし、無文字社会には違った次元で「書く」があることだろう。

にもかかわらず「書く」ことに人々の関心が集まる理由は何だろう。それは、私たちヒトがふだん——書くことも含め——言葉でもって現実を形作っているからではないだろうか、たんに客観的現実を言葉に置き換えているだけではなく。二十世紀後半以降、私たちはヒトの言語使用のこの側面に特に注意を払うようになった。弱者、マイノリティ、少数民族、異なった宗教から立ち上がってくる全く違って描かれる現実の多様性――それは今日の私たちが直面する社会の様相である。

Ⅱ　公的文書（パブリック・ドキュメント）と権威

何をどのように書くかは、それぞれのテーマ分野、活動領域における重要な議題となり、病気や障害を扱う医療の分野でもそういう問題意識が高まっているらしい。「らしい」と言ったのは、ぼくが医療者ではないからだ。医療記録を書かない医師・看護師はまずいないと思う。医療技術の進歩は目覚ましく、それにともなう複雑さと職種間連携の必要性から、より重要になってきているもの、それが医療記録ではないだろうか。カルテ（診療録）、看護記録、介護ノート、保健師記録などがそれにあたる。

これらはすべて公的文書であり、医療にかんするいくつかの目的を持って書かれた記録である。また、ある資格を有した人でないと書くことができないものだ。ぼくなどはその資格がない。「書く」という行為にかかわることはできても、医療記録というものは書くことはできない――お医者さんごっこするんなら別だが。したがって、これらの公的文書には、書かれたものとして力、権威がある。

精神科医ミルトン・エリクソン Erickson, M. H. にこういう話がある。ある時、エリクソンは患者との面接の途中に「失礼」と言って場を中座した、カルテを自分の机においたまま。そのあとすぐ患者はよくなって二度と来なくなった。カルテには患者について「よくやっている。Excellent（素晴らしい）」と記されていた。カルテの「権威」を利用したのだった、患者がのぞき見ることを想定して（Zeig, 1985）。

Ⅲ　人類学者とは

これを書いているぼくは人類学者をしている。未開社会の研究をおもに手がけてきた文化人類学も、現在では未開社会の消滅にともない、企業、学校、病院、宗教団体など、現代社会における集団や個人を研究しはじめた。ぼくは精神病院を研究した（野村・宮本，1995；野村，1997, 2001）。

人類学者の定義をご存知だろうか？　それには二つあるとぼくは思っている。一つは「自分は人類学者だ」と言う人のことである。この言い方はもっとも正確で哲学的な説明かと思われるが、周囲はあまり納得しない。医療者の場合、資格がかかわるからたとえ自分が医者だと言うだけでは十分ではない。二つ目が、「フィールドノートを書く人」というもの。フィールドノートとは現地調査をする人類学者が書く記録文書のことだ。こちらの定義の方が対社会的には理解してもらいやすい。それは「医療記録を書く人が医療者（医師・看護師）だ」という言い方に似ている。

しかし、医療者と言っても、過疎の村の訪問診療に通う医師と大学病院で先端医療にかかわる医師では取り巻く状況は大きく違い、介護に従事する看護師や地域で母子の健康を見る保健師の状況は同じ医療と言っても、職種も異なり、たいへん違った記録を書くことになる。医療の領域は広い、その定義付けはあまり意味をもたない。

Ⅳ　ここでの目的

そこで、人類学者のフィールドノートの性格について話すことで、医療者のみなさんが医療記録について考える際の何らかの参考にしてもらえればよいと考えた。つまり、メディカル・レコードの定義や将来のあり方について、何かヒントにしてもらうものがあれば、ぼくとしてはうれしいのだ。だが、医療に関しては、知ってのとおり素人である。この話がフィールドノートに当てはまっても、メディカル・レコードには当てはまらないかもしれない。そのときはそのとき、「あちらの話」として一線を引いていただいてかまわない。

V　人類学者の仕事

フィールドノートについて話すためには、フィールドワークについてお話しする必要がある。フィールドワークは直訳すると「野良仕事」となるが、人類学者のそれは人を相手にした野良仕事である。つまり、特定の集団の中に自ら身を置きその場に参加したり観察したりして資料を集める現地調査である。人間にかかわるあらゆるテーマがその対象となり、調査の期間もまちまちだ。たとえば、アメリカ人類学の場合、ふつう最低一年の集中的な調査が学位取得のためには求められるだろう。むろん状況によってもっと長いものもあれば短いものもある。

何のためにフィールドワークをするのか。それはエスノグラフィー（民族誌）と呼ばれる報告書を書くためにである。人類学者の第一義の仕事はこれであって、この報告書が人類学者にとっての公的文書である。エスノグラフィーはある集団の日常生活を一定の枠組みから捉え、解説し、分析したものである。大学院にいる将来の人類学者はこの報告書が学位論文となる。エスノグラフィーを書くためのフィールドワークで書く個人的記録がフィールドノートである。その形式は書き手によって、テーマによって、また使用言語によって違ったものになる。

図1

[実践1]	[非公的文書]	[公的文書]	[実践2]
診察、看護、介護 →	？	→メディカル・レコード→	治療
フィールドワーク →	フィールドノート →	エスノグラフィー →	再調査
（現地調査）	（野帖）	（民族誌）	

Ⅵ　メディカル・レコードとフィールドノートの位置比較

では、ここでメディカル・レコードとフィールドノートそれぞれの位置づけを考えてみよう。メディカル・レコードは公的文書だと言ったが、フィールドノートはそうではない。エスノグラフィーとして提出された報告書が公的文書である。すると「書く」という視点からの図式はこうなるだろうか（図1）。

この図ではフィールドノートの対応関係が微妙である。医療において「非公的文書」にあたるものが何かぼくは知らない。メモや覚え書きその他があるだろうが、それが制度としてあるのかぼくはよく知らない。このプロセスは循環するものだと思う。

一つ言えることは、人類学者にとってはこの非公的文書であるフィールドノートこそ、彼や彼女が人類学者である証しになることだ。人類学者のアイデンティティがこのフィールドノートにある（Jackson, 1990）。

それはなぜだろうか。公的文書であるエスノグラフィーはすでに公に開かれ固定した文書（テクスト）としてあらゆる評価や再読、再解釈の対象となる――作者の手から離れたモノとして。これに対して、フィールドノートはどこまでも人類学者その人の所有物である。さらに、膨大なフィールドノートのほんの一部が公刊されたエスノグラフィーに過ぎないので、豊かなフィールドノートは、将来ありとあらゆる読み方、使い方の可能性を秘める。これを持っていることが人類学者でありつづける資源となるわけだから。「家が火事になったら、まずフィールドノートへ急げ！」。なくしたらたいへんだ。これは人類学者には痛いほどわかるジョークである。

メディカル・レコードについてはどうであろう。それは医療者のアイデンティティなのだろうか。今日、電子カルテが普及し、フィールドノートもパソコンを使うようになれば上の心配はたんなる昔の語りぐさになるだろうか。

Ⅶ　フィールドワークからフィールドノートへ

フィールドワークのしかたは、一部技術的なことを除いては、ぼくは教わらなかったし、アメリカでは教えないのが一般的であった。その昔、アルフレッド・クローバー Kroeber, A.L.（アメリカ・インディアン研究）が、フィールドワークの方法を聞きに来た若い女性に「君、まずノートと鉛筆を買うんだよ」と答えたのは有名な話だ。フィールドワークは、ぶっつけ本番式（swim or sink：泳ぐか沈むか）の方法でしか学べない。それは、ある人の方法を自分が使えることは稀だからである。指導教官も大学院もそういうわけで教えない。また、フィールドノートの取り方もやはり教えないが、それは学生に新しい人類学のテクニックを発明して欲しいからだと言われている。

このことは実習と訓練を重ねる医療の事情と大きく違うところだろう。今日では、社会学者を中心に積極的にフィールドワークやフィールドノートについて教えようという機運が高まっている、ただ前述の理由により人類学者はそれにはあまり積極的になれない。医療ではそれぞれの分野でどのような記録のしかたが求められているのだろうか。

Ⅷ　フィールドノートの形式

人類学はとりあえず報告書を書くことで一定の目的を果たす。それを他の人や企業や政府が参考にすることで社会と結びつく。メディカル・レコードは医療者たち自らの実践とチームワークのためのものであり、その後の医療行為が本命なのだから、途中のプロセス・レコードは通過せざるをえないかもしれない。しかし「患者と距離をとるような方略が張り巡らされた現代のカルテの書式を用いて書いているうちに患者の苦悩、不安、病いの物語が視界から消えてしまう」（岸本，2011）というするどい指摘もある。もし「出会いを追体験できるカルテ」「患者の言葉が聞こえる看護記録」「医療者自身のリフレクション」などを残すとなると、その記述は非公的文書としてフィールドノートの性格に近くなるかもしれない。フィールドノートは、その時その場の状況（コンテクスト）にしっかり密着している。すぐれたフィールドノートには臨場感がある。

とはいえ、フィールドノートが万能なわけではない。フィールドでの調査の経験すべてを記すことは不可能なのだ。言葉になりにくい経験が多くあるためだ。つまり実生活の「不可量部分」(Malinowski, 1922) が人と接する経験にはどうしても伴ってくる。例えば、その場の空気、人のもつオーラ、その時代の心理的傾向、文化のもつ隠れた前提など、これらは人類学者のフィールドノートにではなく、体で覚えるいわゆるヘッドノート（記憶、頭の中のノート）にアナロジックな情報として残される (Ottenberg, 1990)。それは言語化されないままのものだが、実はこのヘッドノートがフィールドノートの行間を読む際に威力を発揮する――このヘッドノートがあるからフィールドノートが読めるのだ。例えば、他人が書いたメモは言葉上わかっても意味が分からない場合があるのはその逆の例だろう。

フィールドノートにおいて、書き手と読み手は同じである（Bond, 1990）。メディカル・レコードでは必ずしもそうはならない。フィールドノートはつねに解答の源であるが、同時に疑問の源でもある。新たな理論から読み直す、「テーマで読む」から「人物で読む」ように読み方を変える、抜けた所を補充する、など将来書き換えの可能性を多く残す。小説も後から著者が書き換えることはたまにあるが、フィールドノートは書き換えを、そのあとの物語の展開を待っている、再調査を通して。だからフィールドノートは進化するテクストである。

一方、メディカル・レコードは、職種を超えた共通言語を用い、曖昧さや疑わしさをできるだけ排除したテクストなので、「疑問の源」だったり、考え込んでしまうものであってはならないだろう。しかし、メディカル・レコードも患者とともに変化し進化するとすれば、書き加えの可能性をもつ。終わりを想定しない、場合によってはしたくない、テクストであるから小説よりもフィールドノートに近いかもしれない。

書く内容（what to describe）をテクストとすれば、書く書式（how to describe）はテクストのテクストに当たるからメタ・テクストである。メタ・テクストは一種のテクストであるが、両者はいっしょに進化していく。一方を変えれば、もう一方も変わっていく（Bateson, 1972）。

Ⅸ　フィールドノートの性質

報告書であるエスノグラフィーはある理論や仮説を念頭に書かれたものであり、その問題意識は時代とともに古くなる。ところが、現地の人や自分が観たものが記されたフィールドノートは、「歴史」が描かれているぶん、古くはならない。それはある時、ある場所のローカルな生活の一ページなのだから。

歴史について一言くわえると、フィールドノートはある場所の歴史ではあるが、いわゆる歴史家にとっての歴史とは違う。歴史家は自分で文書を書いてはいけない、それは捏造になるから。人類学者は自分で文書を書かなくてはいけない、でないと剽窃になるから。医療者もある人の歴史を自ら綴っている点では歴史家よりもフィールドワーカーに似ている。

現地の生活とローカルな（その時その場の）歴史が描かれたフィールドノートではあるが、まったく無私公平に書かれているわけではない。その時代の人類学理論や調査者自らの関心や傾向に彩られた主観的なもの、それがフィールドノートである。ぼくはかつて精神病院での会話や非言語のコミュニケーションを調査した。もしそれを政治集団、つまり、医師、看護師、患者などで構成する権力構造として観たら、同じ会話を記述しても結果は違ってくる。どちらもフィールドノートである。

たとえば、ミルトン・エリクソンがカルテの権威を使ったと書いたが、コミュニケーション的には、カルテに権威が「あった」のではない。この名高い医者に自分はどう映っているのだろうかという患者の心配や好奇心が、エリクソンの書き残した〝Excellent〟という言葉に出合って、彼女の意味世界を劇的に変化させたと言ったほうがいい。コミュニケーションがあればそこには必ず変化があるが、変化を記述するには、患者のこれまでや、ここへ来るまでの経緯、エリクソンという医師への期待、中座するまでのやりとりの内容などなど、二人の会見を取り巻く諸々の要因を丹念に書きおこしていく必要がある。「権威」や「権力」という概念でヒトのコミュニケーション現象を切るのは、細身の包丁の代わりに肉包丁で刺身をぶった切ろうというに似ている。切った断面が荒すぎる。

そういうわけで、文化人類学では濃やかで「分厚い記述（thick descriptions）」を残すことが求められる（Geertz, 1973）。それは、参加者にとっての経験に近い（experience-near）言葉で記す訓練のことである。これに対して経験に遠い（experience-distant）言葉が、学術的には権威ある言葉だが、権力や本能という概念での説明は経験からは遠く離れ、まさにその理由で記述も会話も打ち止めになりやすい。つまり「これは本能だから」と断じた後に続く発展的な言葉は少ない。

「疾患」もその意味では、概念上の性格からは「権力」や「本能」に近いが、その普遍的な概念は医療行為には必須であろう。しかし、人類学のほうでは普遍的な概念だけで書かれたフィールドノートは、動きや変化の記述に欠けるから、使い物にならない。メディカル・レコードはどうであろうか。疾患の概念は当然必需品だと思うが、それは個体の生理学を語るに適した言語であって、人のありようや人間関係を語るための言語ではない。

問題は、往々にしてそこに混同が起こることではないだろうか。ぼくの調査中にも、「彼女は〜症だから」という疾患名が、その人の人間関係やコミュニケーションを形容する言葉として使用されることがしばしばあった。たとえば、「精神分裂症」（現在は統合失調症）は、個人の病気を語る言語だが、それはそのひとの人間関係を語る「関係性の言語」ではない。そのぶん病名は人間関係の内側にいる患者からみれば非現実的な言語に映るかもしれない。例えば、「過食傾向」「双極性障害」「受動攻撃性人格」から見えてくる人間像とはどんなものだろうか。それは一様に無味乾燥で生気を奪われた生活感に乏しい個の記述ではないだろうか。その際の書き手も同様になることだろう。

コミュニケーションや関係性を語る言語は別物なのだ、英語が日本語とは別のように（野村、2008）。科学的概念は多くの場合、静止言語であって変化や関係性を記述するのに適していない。関係性は日常生活の言葉をつかって表現できる、起きたことをふつうの言葉で記すことで。そういう言葉で語られた人物像は、「太っ腹兄ちゃん」であれ「変幻自在マン」であれ「キモかわいい娘」であれ、専門用語から離れて生活感をもって描かれる。そして、そのように書くことで書き手が人間味を帯びてくる（Anderson, 2001）。

X フィールドノートはいったい誰が書いたものか？

その答えはフィールドワーカーだと言ってもちろん間違いではないが、現在の文化人類学はもうひとつ回答を用意する。「書かれた人たち」である――つまり、インタビューされた人、観察された人、いっしょに生活した人、通訳してくれた人など、もろもろの情報提供者（インフォーマント）たちである。これらの人々もフィールドノートの著者に加えようという考えが次第に支持を得ている。

それは、フィールドワークの認識論が変化してきた表れで、記述はどこまでも解釈であり翻訳であると同時に、現地の人々とのコミュニケーションの結果、すなわち双方向のやりとりが生んだ共同制作物だとする考えである。それを「交渉された現実」（negotiated reality）とも言う。

メディカル・レコードもやはり「交渉された現実」なのだろうか。

以前、スタンフォード大学で行われた有名な研究に、全米各地に散らばる12の精神病院に8人の偽装患者が受診してみな同じことを言った、「声が聞こえてくるんです」と。訴えた内容はその程度だったが、精神病を疑われ全員が入院となった。8人の中には精神科医も心理学者も含まれた。そして、「自分は研究のためにこうしている」と本当のことを入院中周りに伝え、そのとおりそこで起きたことをノートに取っていった。

その「正常」な行動、しかし精神病院という場にそぐわない行動が、異常のサインと医療者からは受け取られた。さらに正常を主張すればするほど、協調性の無さと攻撃性を指摘され、病気の深刻さを疑われた。これは、当時の社会科学者を驚かしたスクープ的研究で、"On Being Sane in Insane Places"（異常の中に正常でいること）の名で発表された（Rosenhan, 1973）

これは診断が「交渉された現実」である極端な例ではある。しかし、たとえば「頭痛がする」というのも言葉であって、聞く側の経験ではない。カルテの標準として知られる、ＳＯＡＰ（Subject, Object, Assessment, Plan）の中の最初は、患者の主観、訴えであり、それが記録の一部になるわけだから、メディカル・レコードも多かれ少なかれ「交渉された現実」、つまり対話的な記録ということになる。

そう見ていくと、メディカル・レコードの中にも、フィールドノートの中にも、諸々の人々の声がひしめき合っている、聞く側の声もその中の一つとして。それはモノローグではなく、異なる声々が対立したり、ときには矛盾し合いながら、それぞれを主張している立体的なダイアローグであるはずだ（Bakhtin, 邦訳 1975）。このような多声性がフィールドノートというテクストの特徴である。メディカル・レコードもそういう要素を持っているのではないだろうか。

フィールドノートは、「交渉されて」出来上がっていく記述であり、書かれていくテクストには対話的な要素がある述べた。その対話性はフィールドノートを読む際にも発揮される。文化のニュアンスや前提を生活で学んだ者が、みずからこの多声的で対話的なテクストを読む。そのとき、文字上にないリアリティ、つまり行間をダイナミックに読んでいくことができ、それがエスノグラフィーという文書を書く推進力になっていく。人類学者は、ノートを読み返しながら、その時のテープを聴きながら、時を超えその「場」に立ち返る。

XI ポストモダンのフィールドノート

人類学者はこれまでお互いフィールドノートについてオープンに話し合うということはなかった（関本、1988）。フィールドノートの妥当性、正確さが試されることは滅多になかった。これは「私がそこにいた、あなたがいたのではない」という圧倒的な優位に由来する。昔はイギリスから二カ月くらいかけてニューギニアに到着するほど調査地は遠かったのだ。さらに、人類学者は現地の文化や人々の行為を客観的に観察することができる知識と訓練を積んだ専門家であるというステータスもあった。

物事を客観的に描くことができると信ずれば、大まかな言い方だが「モダン」になり、科学至上主義はその代表だ。いっぽう、記述である限り真実も多様な描かれ方があり、科学はその一つにすぎないとすれば、「ポストモダン」ということになるだろう（Lyotard, 邦訳 1986）。一九五〇年に世界を驚かせた黒澤明監督の『羅生門』。事件の「真相」がいくつも描かれていくこの映画はポストモダンの認識論を先取りしていた。人類学の手法として「羅生門的テクニック」（Lewis, 1963）が、ポストモダンの世界観として「羅生門的現実」の概念が、この映画をもとに現れた。

フィールドノートを書いているとき、人類学者は人の言葉を記録したり、観て経験したことをそのまま書いていると思ってきた――自分のこととは関係なく。しかし、フィールドノートをよく読み直してみると人類学者はそこに自分の人生もいっしょに描かれていることに気づいた、たとえ「人生」が書き込まれていることを知るのが自分だけだとしても（Wolf, 1990）。

一九七〇年代、ポストモダンの思想は人類学を直撃した。十九世紀以来人類学が打ち立ててきた文化の記述にかんする信憑性は随所で疑われ、同時にフィールドノートの客観性はいっぺんに崩れ去った。人類学の使命は何だったのか。フィールドノートとは何か。これからの人類学とは。分野はかつてない危機に見舞われた（Tierney, 2000）。しかし、ポストモダンの洗礼を比較的早い時期に受けた人類学は、他の社会科学に先んじてすすんでこの混沌の中に入って行った。新しいかたちのエスノグラフィーが試され、対話性を念頭に調査者自身も記述の対象となっていった（例、Crapanzano, 1980；Rosaldo, 1980）。

「記述は対話的に共同制作されるもの」という認識は書き手の姿勢に影響することだろう。この点を意識しただけで、ぼくたちの言葉選びも、文章形体も、長さも、語尾も、そしてもしかしたら、書く字の大きさまで、微妙に変化することと思う。

XII　公開－非公開

ポストモダンを代表する価値観のひとつに「公開性」がある。医療記録と違い、フィールドノートは公的文書でないことを隠れ蓑に、インフォーマントについてどんな失礼なことを書いても外に出ることはなかった。マリノフスキーは人類学では神様のような存在だが、その個人的日記の中では現地人を野蛮人のように書いていた部分があり後にスキャンダルとなった（Malinowski, 1967）。

メディカル・レコードにはこのような問題はないのかもしれない。しかし、医療者の会話の中に、専門家同士のコミュニケーションの中に、それらは見当たらないだろうか。トム・アンデルセン Andersen, T. という精神科医は、家族療法で使うワンウェイ・ミラー（家族療法ではしばしばクライエントと面接者のほかにワンウェイ・ミラーの裏の別室から違うセラピストが面接を観察し適宜質問を行う）を逆照射にして、医療チームが家族について話すところを家族にも聞いてもらうという英断に踏み切った（Andersen, 邦訳 1997）。

これによって階層構造は吹き飛び、専門家たちの選ぶ言葉も表現形態も、微妙どころか大きく変化した。専門家だけのときの「あのお母さんだから、子どもはおかしくなるさ」は、そのお母さんを前にして「お母さんも子どもの変調に懸命に対応している」という具合に記述は変化する。公開することで医療者と患者は対等な関係の中で大きく表現を変えていった。情報はそれにより共有しやすくなった。

それは会話であれメディカル・レコードであれ、公開性はその内容に大きく影響する。公開性というメタ・テクストをもってくると、その場の会話や記述というテクストが大きく変わってしまうのだ。

公開性に関連して、人類学で起こった二つのことを記しておこうと思う。外国人として初めて日本で本格的なフィールドワークをしたのは、アメリカ人の人類学者ジョン・エンブリー Embree, J. F. である。二十七歳のこのシカゴ大学の大学院生は博士論文を書くため、一九三五年の秋から翌年の冬までの一年、熊本県球磨郡の須恵村に妻と幼い娘とともに滞在した。その報告書は、〝Suye Mura: A Japanese Village〟（Embree, 1939）として広く知られ、ルース・ベネディクト Benedict, R. もこの本を参考にして日本研究の古典となる『菊と刀』（Benedict, 1946）を書いた。

エンブリーに同行した妻も女性の見地から、また村の女性たちとの親交からたくさんのフィールドノートを残した。夫と娘の不慮の事故死ののち再婚した彼女は、ときを経て他の人類学者に彼女のフィールドノートを渡し、それをもとにして『須恵村の女たち』という名著が出来上がった（Smith & Wiswell, 1982）。これは著者の二人の協力関係なしではありえなかった、人類学では異例の報告書である。

われわれ人類学者にとってこの例は大切なことを教えている。つまり、フィールドノートは読み手を変えることで、本人がそれを使うこと以外に発展性を秘めているということだ。共有すること、いっしょに考えること、チームワークをとること。これらは前に述べたフィールドノートの性質上、個人プレイが主であった人類学にとって目新しいことだ。

いっぽう、メディカル・レコードの場合はどうであろうか。電子カルテのように、文書の共有は半ば現実になっているかもしれない、チーム医療には当然のこととして。公開性――それには限界や範囲があるとしても――それがもたらす変化と生産性は軽く見れない。開示請求という形の公開ではなく、患者とも共有するという意味での公開となれば、専門用語の使用は最小限に控えられ、日常のはなし言葉もつかって記述されることになると思う。

もう一つの例。『バナナと日本人』（1982）や『ナマコの眼』（1990）で知られる鶴見良行は、東南アジアを歩いて日記式に克明なフィールドノートを書いた。日付が入り、その日見たこと会った人に始まり、スケッチを描き、写真を撮り、その場で採取したものをテープで貼り付け、考察したことを書いた。まさに「フィールドで考える」を実践した人であった。それらは、てらいのない生き生きとした文章であって、時には日本にいる妻に伝えておきたい日常の細々したことまで含んでいる。それらが、そのままフィールドノートとして公刊された（鶴見、2001, 2010）。鶴見良行のフィールドノートはそのまま公的文書になってしまったのだ。ある程度それを意識して書いていたかもしれなさそうだ、晩年は特に。しかし、これも異例なことである。

これが人類学に示唆することは、フィールドと公的文書（報告書）の間の距離を縮め、即興性、公開性、臨場感をともなう新たなエスノグラフィーの可能性を見せてくれることだろう。

これが医療に示唆することがあるとすれば何であろうか。観察と思考の過程がていねいに記述されていればそれは優れたフィールドノートだと思う。同時に、それは読んでいておもしろい。そのままの文書のよさがある、これを使って何かしようとしないところに。それは「いきなり公的文書」というかたちなのでメディカル・レコードに近いが、医療ははっきりとした目的を持って書くわけだから読み甲斐を感じさせることは二義的であろう。将来、読み甲斐のあるカルテや看護記録を読みたくなったとき、医療の分野が人類学を参考にしてくれるかもしれない。とにかく人と直接相対する点において――実験室で被験者を測る心理学者よりも、また質問紙で集団の動向を分析する社会学者よりも――医療者は人類学者に近いのだから。

XIII　ナラティヴの時代のメディカル・レコード

医療のプロセスにはコミュニケーションが深くかかわる。どう記述し、どのような語りかけをしていくか考える作業が、語りをベースにした医療（NBMこと、ナラティブ・ベイスト・メディスン）として知られる（Greenhalgh & Hurwitz, 邦訳 2001）。この雑誌の特集もその影響下にある。

人類学者はこちらからフィールドに出かけて行くが、医療の場合は向こうから患者がやってくる、訪問医師や介護士は別だが。こちらが訪問客として相手を訪れることは、記述の観点からするとやりやすい。そしてもうひとつ大事なこと、それは相手を理解しようとした場合、絶対にこの方が有利である。なぜなら、好奇心を持って訪れるのがこちら側だとすれば、相手には余裕が生まれ、会話はなかばその土壌で進む。そして、相手をその社会的、物理的文脈（コンテクスト）でもって観察することができるわけだから。書き手はくい「尋問し検査する者」から「学ぶ者、教えてもらう者」へと移行し、それにともなって会話の質が変わってい く。フィールドワーカーに似てくるわけだが、こちら側の知らないことを教えて欲しいという構え、スタンスのことを「無知の姿勢」と呼ぶ（Anderson & Goolishian, 邦訳 1997）。

ぼくは最近大学院でナラティヴ、語りをもとにした研究を指導する際、その報告書が四つの条件を満たすように求めることにしている。これらはメディカル・レコードにも参考になるだろうか。それらとは、

（1）「私」が描かれていること。調査者は偏りやバイアスから解放された観察者ではない。どんな観察も観察者に依存している。そこで、私は誰で、どういう立場から、何を見ようとしているか。そういう「私」を記述として残すこと。

（2）関係性が描かれていること。個人だけでなく「私」を含む人間関係が描かれていること。関係性を描くというのは、物事を構造の結果とのみ考えないことにつながる。構造が関係を規定するのではなく、コミュニケーション、つまり関係のもち方が、構造（あるいは現実）を創っていく点を記述すること。

（3）研究の終わりが関係の終わりでないこと。実証的研究では、研究が終われば、またはデータをもらえば、それで人間関係は中断することが多い。しかし、フィールドワークでは、公刊の後もインフォーマントに対しては倫理的責任を持ちつづける。このことを「倫理的証人」（Kleinman, 1988）とも呼ぶ。

（4）ローカルな言語で語ること。ローカルな言語とは、専門用語を使わない日常言語、ふつうの言葉のことである。現地の人にもわからない専門用語で現地の人を語らないこと。ワンウェイ・ミラーを逆照射したアンデルセンのように、公開性を意識した言葉遣いのことである。

そうは言うものの、やはり医療の記述にかんしてぼくの貢献できるものは少ないかと思う。人類学は所詮人類学であってその目的は人の治療ではない。エスノグラフィーを書き上げることが目的であることはすでに述べた。フィールドノートは人類学者の素性（アイデンティティ）を証明するものだと言ったが、目的の前に立ちはだかる難所でもある。

なぜなら多くの人の声が聞こえるからである、記録された人々の声々がひしめき合い、つばぜり合いをおこして、押し寄せるからである——幻聴という意味ではなくても（いやー、もしかしたら幻聴かもしれない）。先きに紹介した「火事になったらフィールドノートへ急げ」のジョークにはまだあとの半分がある。それは、「火事でフィールドノートが焼けてしまえば、きっと人をあっと言わせるすごいエスノグラフィーが書ける」というものだ。フィールドノートの中のいろんな声が、書き手に反論したり、例外をこぞって出してきたり、美化したい部分に冷水をあびせたりして、立ちはだかるからだ。フィールドノートを丹念に読んでいては、とても人を圧倒する報告書なんて書けたものではない。人類学者のフィールドノートに対する気持ちはアンビバレントなのである。

XIV　おわりに——多声的な存在として書く

私たちの中には、社会の役割に応じた違った声がいくつも存在している——職業人としての、子どもの親としての、飲み仲間としての、など。ぼくひとりの語りの中にも、亡くなった母の声、尊敬した師匠の声、今まで読んだ本の声が響いている。私たちはいつもそのような「誰かが言った言葉」をこころの中で繰り返し、発話している——私たちの語り、口調、そして書く言葉もまずどれをとってもオリジナルではないのだ。すべて誰かの手あかのついた言葉なのだ。その意味で私たち一人ひとりは、単声的ではなく、多声的な存在なのだと思う。

フィールドノートを書くときは、まさに自分の中にあるあらゆる声々を総動員して書く。でないと、ひとつの声で単調なものになってしまい記述が薄くなる。立体的な記述をするためには、自分の中のいろんな声に耳を傾けながら書く。

いっぽう、乱暴な言い方になるが、メディカル・レコードは医療者である自分という点から一斉に書かれた単声的な文書が理想かもしれない。しかし、もしその中に、ほんの一行でも医療者である自分以外の自分が口を挟んだとしたら、それはどんなものになるだろうか。

ジョン・エンブリーの書いた『須恵村』は、機能主義というういくぶん機械論的な当時の理論枠で書かれている。それは今や過去の理論として人類学ではあまり顧みられない。にもかかわらず、『須恵村』には読者を魅了する何かがある。ぼくなどはそのいい例で、自分のフィールドワーク中、『須恵村』だけは肌身離さずもっていた。フィールドワークがスランプに陥ったとき、それを携えて行き詰まりから脱するヒントを探そうと八代、人吉と電車を乗り継ぎ、そこからバスで須恵村まで足を運んだくらいだ。

その魅力の理由がなにかぼくにも長くわからなかった。しかし、それはいっしょに須恵村を訪れた彼の妻のフィールドノートにあるというのだ（河村、1987）。エンブリーの『須恵村』の中に「協同の諸形態」という章があって、「交換労働」のテーマを扱って彼はこう書いている。

田植えの仕事はつらいが社会的なものである。……線を引く人が「はいっ」と叫んで、五インチあまり糸を動かす。すると人間の列はまたしゃがみ、そして苗をぽんと植える。単調な仕事は絶え間なく冗談を言ったり、時には卑猥な話をして救われる。(p.122)

きびしい労働が性の話や卑猥な冗談によってまぎらわされるという部分は、確かにもうひとつの異なる経験から書かれている。冗談や卑猥な話を村の女たちと交わしたのは、エンブリーではなく、「私は村ではよく酔っぱらっていた」と言う彼の妻の方だった。妻と村の女たちが酒を交わして冗談を言い合い、その体験の記述があってはじめて「労働のつらさを卑猥な話が救う」という一連の了解ができた。妻の見た日常の女性たちの姿を混ぜ合わせることで、エンブリーは生き生きと、それでいて理論に忠実な報告書が書けたのだ。

これは多声性が生んだ記述の一例だと思う。もともと多声的な存在である私たちも専門教育のなかで自分の中の諸々の声を押し殺すことを学ぶ。エンブリーは当時の人類学理論に忠実でありながら同時に他の声を採用して記述に成功した。としたら医学理論に忠実な記述の中に、ふだんの生活や人情の機微を捉えた言葉が一行二行あっても悪くはないかもしれない。そう思うのはぼくだけだろうか。

話された言葉とちがって、文書の言葉はそこに見えるぶん、よりリアルである。それが公的な文書ならばなおさらだろう。はなし言葉が音楽だとすれば、書かれた言葉は、その三次元(紙面、本など)をもって彫刻のようである。バフチン Bakhtin, M. M. の表現を借りれば、その人にとって内的に説得力をもつ言葉は、権威的な言葉とは対照的に、存在感を伴ってこころのど真ん中に落ちてくる——好きな先生に書かれた通知表の褒め言葉のように。

文　献

Anderson, H.（1997）*Conversation, Language, and Possibilities: A Postmodern Approach to Therapy.* New York, Basic Books.（野村直樹・青木義子・吉川悟（2001）会話・言語・そして可能性―コラボレイティヴとは？　セラピーとは？　金剛出版．）

Anderson, H. & Goolishian, H.（1992）The Client Is the Expert: A Not-knowing Approach to Therapy. In: McNamee, S. & Gergen, K. (Eds.): *Therapy as Social Construction.* London, Sage Publications.（野口裕二・野村直樹訳（2014）クライエントこそ専門家である―セラピーにおける無知のアプローチ．In：ナラティヴ・セラピー―社会構成主義の実践．遠見書房．［旧刊　金剛出版，1997］）

Andersen, T.（1992）Reflections on Reflecting with Families. In: McNamee, S. & Gergen, K. (Eds.): *Therapy as Social Construction.* London, Sage Publications.（野口裕二・野村直樹訳（2014）リフレクティング手法を振り返って．In：ナラティヴ・セラピー―社会構成主義の実践．遠見書房．［旧刊　金剛出版，1997］）

Bakhtin, M. M.（望月哲男・鈴木淳一訳，1963）ドストエフスキーの詩学．ちくま学芸文庫．

Bakhtin, M. M.（伊東一郎訳，1975）小説の言葉．平凡社．

Barthes, R.（森本和夫・林好雄訳，1999）エクリチュールの零度．ちくま学芸文庫．

Bateson, G.（1972）*Steps to an Ecology of Mind.* Chicago, University of Chicago Press.（佐藤良明訳（1990）精神の生態学．新思索社．）

Benedict, R.（1946）*The Chrysanthemum and the Sword.* New York, New American Library.（長谷川松治訳（1967）菊と刀．世界思想社．）

Bond, G. C.（1990）Fieldnotes: Research in Past Occurrences. In: Sanjek, R. (Ed.): *Fieldnotes: The Makings of Anthropology.* Ithaca, Cornell University Press.

Crapanzano, V.（1980）*TUHAMI: Portrait of a Moroccan.* Chicago, University of Chicago Press.（大塚和夫・渡部重行訳（1991）精霊と結婚した男―モロッコ人トゥハーミの肖像．紀伊国屋書店．）

Embree, J. F.（1939）*Suye Mura: A Japanese Village.* Chicago, University of Chicago Press.（植村元覚訳（1978）日本の村―須恵村．日本経済評論社．）

Geertz, C.（1973）*The Interpretation of Cultures.* New York, Basic Books.

Greenhalgh, T. & Hurwitz, B. (Eds.)（1998）*Narrative Based Medicine: Dialogue and Discourse in Clinical Practice.* BMJ Books.（斎藤清二・山本和利・岸本寛史監訳（2001）ナラティブ・ベイスト・メディスン―臨床における物語と対話．金剛出版．）

Jackson, J.（1990）I Am a Fieldnote: Fieldnotes as a Symbol of Professional Identity. In: Sanjek, R. (Ed.): *Fieldnotes: The Makings of Anthropology.* Ithaca, Cornell University Press.

河村望（1987）須恵村の女たち―あとがき．In: Smith, R. J. & Wiswell, E. L. 著，河村望・斉藤尚文訳：須恵村の女たち．御茶の水書房．

岸本寛史（2011）身体と言語とカルテ―言語化とカルテ．N：ナラティヴとケア，2; 58-64.

Kleinman, A.（1988）*The Illness Narratives.* New York, Basic Books.（江口重幸・五木田紳・上野豪志訳（1996）病いの語り―慢性の病いをめぐる臨床人類学．誠信書房．）

Lewis, O.（1963）*The Children of Sanchez.* New York, Vintage Books.

Malinowski, B.（1922）*Argonauts of the Western Pacific.* Waveland Press.（寺田和夫・増田義郎訳（1980）西太平洋の遠洋航海者（世界の名著71）．中央公論社．）

Malinowski, B.（1967）*A Diary in the Strict Sense of the Term.* Stanford, Stanford University Press.

野村直樹（1997）語りから何が読み取れるか―精神病院のフィールドノートから．文化とこころ，2(3); 5-22.

野村直樹（2001）物語としての共文化―精神病院のフィールドノートを読み直す．文化とこころ，5; 146-156.

野村直樹（2008）やさしいベイトソン―コミュニケーション理論を学ぼう．金剛出版．

野村直樹・宮本真巳（1995）患者－看護者のコミュニケーションにおける悪循環の構造．看護研究，28(2); 49-69.

Ottenberg, S.（1990）Thirty Years of Fieldnotes: Changing Relationships to the Text. In: Sanjek, R. (Ed.): Fieldnotes: *The Makings of Anthropology.* Ithaca, Cornell University Press.

Rosaldo, R.（1980）*Ilongot Headhunting 1883-1974: A Study in Society and History.* Stanford, Stanford University Press.

Rosenhan, D. L.（1973）On Being Sane in Insane Places. *Science,* 179; 250-258.

Lyotard, J.F.（小林康夫訳，1986）ポストモダンの条件．水声社．

関本照男（1988）フィールドワークの認識論．In：伊藤幹治・米山俊直編：文化人類学へのアプローチ．ミネルヴァ書房．

Smith, R. J. & Wiswell, E. L.（1982）*The Women of Suye Mura.* Chicago, University of Chicago Press.（河村望・斉藤尚文訳（1987）

須恵村の女たち．御茶の水書房．）

Tierney, P.（2000）*Darkness in El Dorado: How Scientists and Journalists Devastated the Amazon.* New York, Norton.

鶴見良行（1982）バナナと日本人．岩波書店．

鶴見良行（1990）ナマコの眼．筑摩書房．

鶴見良行（2001）鶴見良行著作集11　フィールドノートI．みすず書房．

鶴見良行（2010）エビと魚と人間と南スラウェシの海辺風景．みずのわ出版．

Wolf, M.（1990）Chinanotes: Engendering Anthropology. In: Sanjek, R. (Ed.): *Fieldnotes: The Makings of Anthropology.* Ithaca: Cornell University Press.

Zeig, J. K. (1985) *Experiencing Erickson.*（中野善行・青木省三訳（1993）ミルトン・エリクソンの心理療法．二瓶社．）

第10章 ナラティヴから見た時空

さいしょぼくはそこまで想像してなかった。ナラティヴが時間や空間の問題にまで関わってこようとは想像してなかった。だって、ナラティヴって言えば、語り、物語のこと。でも、よくよく考えてみると時間／空間（時空間）について考え直してみることは自然じゃないかって思えてきた。

時間について言えば、これまでだって宗教、哲学、文学、社会科学がひんぱんに語ってきたし（アウグスティヌス、1976；ハイデッガー、1964；リクール、1987；真木、2003；木村、1982；本川、1992；明石、2010ほか）、それこそ時間は物理学の専権事項ではない。いっぽうの空間についてはどうかというと、これもやっぱりそれなりの研究蓄積がありそうだ（ソマー、1972；ホール、1970；ソジャ、2005ほか）。

してみると時間や空間は人やその文化／社会を理解するのにこれまでだって重要な座標だった。ということは、時空間の問題を物理学者に任せっきりでよいはずはない。物理学と言ってもいろいろあるが、ニュートンの絶対時間、絶対空間だけで人の問題を考えるのはいささか問題かも。相対性理論や量子力学を考慮に入れれば、なおさらだ。社会科学者の時間概念は物理学の常識から言って百年くらい遅れているかもしれない。日常生活を離れてたしかに時間も空間も存在しない。エンデの有名な児童向け小説『モモ』（1977）は、「時間どろぼうとぬすまれた時間を人間にかえしてくれた女の子のふしぎな物語」とある。ぼくたちはいま時間を取り戻せない病気にかかっているのだろうか。時間泥棒にだまされて自分の生活を見失っているのだろうか。モモも言うように「時間とは生活のこと」なのに。

とはいえ、このテーマ、読者のみなさん一歩引いてしまうかもしれない——何から考えていいのかわからなくて。たとえ、時間／空間の問題ってナラティヴが取り組むべき重要課題だとしてもだ。なので、読者のみなさんといっしょに考えていきたい。で、考えていくヒント、道筋は？　それをぼくが提供しようと思う。それらはラフに、（a）生きた時間、生命と同調する時間としての「E系列の時間」（野村、2010）、（b）学習することを学習することをさらに学習する「学習Ⅲ」（ベイトソン、1990）、そして（c）メタ時間論としての「正法眼蔵有時の巻」（道元、1242）などである。

「E系列の時間」についてはこれからとり上げていこう。「学習Ⅲ」は、論理階型をつかったベイトソンの学習理論に出てくる変化の様式のこと。試行錯誤して何かを覚える。覚えたことがさらに試行錯誤の対象になる。そうして出来上がったかなり強固な型をまたさらに試行錯誤の対象にすることを学習Ⅲとベイトソンは呼んだ。

これがどう時空論とかかわるのかって？　それは認識の変化が空間の意味を変化させるからだろう。例えば、子どもの頃遊んだ校庭や公園に大人になって行ってみると、「あれっ、こんなに狭かったかなー？」と思う。空間は変わってない。認識が変わった。空間は認知によって〝違った空間〟になる。そんなら、認知を変えれば空間の意味も変わるってだけの話か？　そうだが、認知の変化が深いところ（学習Ⅲ）でおこると、空間の意味も大きく変わるだろう。

それからもう一つは、鎌倉時代、道元禅師によって書かれた『正法眼蔵有時』という時空論である。ハイデッガーは『有時』を読んで驚き『存在と時間』(1964) を書いたと言われるが、『有時』はそういうスーパー時空論だ。これはかなり難関だが、避けて通れない。勉強したい人この指とまれ！　是非いっしょに勉強会やりましょう。さて、大風呂敷を広げたが、今回は紙数の関係で三つのうちの一つ「E系列の時間」だけを考えていきたい。どうかご容赦を。続きは次回どこかで発表するとして。

始めるにあたり一つ重要なことがある。それは、「ナラティヴ」という言葉だ。何度か出てくるが、これから始めたいわけは、この前提を共有しておかないと後で話が噛み合わなくなってくるからだ。

I　ナラティヴの標語が意味するところは？

ご存知、ナラティヴの語は辞書的には、語り、物語、談話などをさす。しかし、ナラティヴはたんに語り、物語だけを意味しているのだろうか。みなさん、どう思う？　ぼくは、語りが意味している世界も意味している、と思っている。ナラティヴ (物語、語り) が二十一世紀のキーワードの一つになったわけとは？「語りが意味する世界」とはなんだろう？

今から十七〜八年前、一九九五年頃のこと。友人の野口裕二さん (社会学) が電話してきて、本を一冊訳さないかと声をかけてくれた。もともとぼくらは八幡山の都精研 (東京都精神医学総合研究所) で斎藤学さんの所でいっしょに働いていた。この本が『ナラティヴ・セラピー——社会構成主義の実践』と名付けられて出版されたのは一九九七年である (マクナミー・ガーゲン編、1997)。その本は『社会的構成としてのセラピー（*Therapy as Social Construction*）』というのがもともと原題だった。それに「ナラティヴ」という言葉を入れるよう熱心に薦めてくれたのが小森康永さん（精神医学）だった。これがナラティヴを冠した日本で最初の本だったと思う。

この本がきっかけ（の一つ）になって日本でも「ナラティヴ」はセラピー以外の分野にも広がり、しだいに市民権を得た。しかし、ナラティヴがたんに「語り」「物語」のことだけだとしたら、その言葉は以前からあったわけで、今ことさらナラティヴが流行るなんておかしいではないか？　有史以前から人類は〝ナラティヴ〟してきたわけだから。また、素晴らしい近代小説が十九世紀から二〇世紀にかけ世界中で書かれてきたのだから。

では今なぜナラティヴがキーワードとして躍り出たのか。それを解く鍵をこの言葉の出自にもとめてみよう。ナラティヴと銘打って初めて理論的見解を打ち出したのは家族療法（ファミリー・セラピー）だった。ナラティヴ・セラピーの出現である。これは単純に言ってしまえばこういう理屈だ。人生であれ、現実であれ、病理であれ、それらはすべて言葉でできあがった構成物なのだ。だとしたら、その構成物、それをここでは物語と呼ぶが、そのように言葉でできた構成物は言葉をとおして書き換えられ、会話をとおして新しい現実となるはずであると。この視点に立てばなんのことはない――歴史も観察結果も診断も〝物語〟なのだ。

それは理屈としてわからんでもないが、自然科学偏重の思考に反旗を翻したのはなにもナラティヴ・セラピーだけじゃない。言語の問題をとり上げ二〇世紀後半とくに顕著になったポストモダンの思想（リオタール、1930）がおおかた敷いたレールであって、似たような動きは解釈学的アプローチとか象徴人類学とかポスト構造主義とか呼ばれてきたではないか。

そのとおりだ。ただ、それらはなぜ〝ナラティヴ〟という一語にたどり着かなかったのか？　ファミリー・セラピーが他の分野に先駆けてこの語に行き着いたのはなぜか？

その理由は、この分野が双方向性という論理を中核においたからではないだろうか。相互作用、相互行為における〝いったりきたり〟を見る姿勢のことをインターアクショナル・ビュー（interactional view）と言う。セラピーばかりか人間という〝出来事〟はこの視点から眺めることがもっとも有効だってことを示したのはグレゴリー・ベイトソンだ（1990）。コミュニケーションという関係性の科学としてみていく見方である。

でもこの視点、つまりインターアクショナル・ビューだが、他の分野も持ち合わせていたのではないのか。はい、持ち合わせてはいたんだけど、その徹底ぶりはファミリー・セラピーと比べればゆる～いもんだった。他の分野では、性格とか原因とか、個体や個をもとにした認識論が結局最後には顔を出してしまう――関係性で押し切ることに抵抗があるんだ。それ、よーくわかります――関係性の世界に徹底できないこと。原因はこれだ、わるいのは誰だ、何がそれをそうさせたのか、等々。そういう方が明快になるからね。われわれも日常思い当たる節ありますよ。ところがだ。

ベイトソンの研究班――ジョン・ウィークランドやジェイ・ヘイリーがいたが――この研究チームがダブルバインド理論を発表したのは一九五六年だ（『精神の生態学』所収）。でもファミリー・セラピー以外の人にとって、この論文は精神分裂病（現、統合失調症）の一病因論として見られて片付けられた感がある。その後、生物学的な病因論が幅を利かせるにつれ、この論文のほんとうの意義もついでに葬り去られた。それは二〇世紀の情報革命を支えたシステム理論、サイバネティクス、コミュニケーション理論の意義を、機械論的だとして軽くかたづけてしまった結果である――やや乱暴な言い方ではあるが。

じゃあこの論文、なにがそんなに大切だってことになる。一九五〇年代に全米各地で家族に注目して新しいセラピーを模索していた人たちがいた。この論文はその人たちに新しい地平を切り開いた。心理学に縛られ行き詰まった局面を打開し、ファミリー・セラピーに新しい方法論を提供したんだ。そうして一九六〇年代の大飛躍につながる。それまでの治療家たち、家族へ関心を持ちながらも適した言葉を持ち合わせてなかった。フロイトの亡霊に悩まされてきたのをその呪文から解き放したのがこの論文だ。これに沿った一連の発表によって治療のかたちは大きく変わった。戦略派アプローチ、システミックセラピー、ブリーフセラピー、解決志向アプローチ、ナラティヴ・セラピー、コラボレイティヴ・アプローチなど次々に登場した。

ダブルバインドのほんとうの真価は、病理をコミュニケーションという関係性言語で語りきったことだ。個人心理学の言葉使いでやりくりしてたファミリー・セラピーだったが、こののち独自の言語をもち、水を得た魚のように発展した。ところが、その発展も一九八〇年頃には理論的疲弊をおこして停滞期を迎えるんだね。そこで、もっと忠実にベイトソンに戻ろうとした人たちがいたり（Selvini-Palazzoli et al., 1978）、「教えるというコミュニケーションはできない」とした生物学者マトゥラーナらの知見（1997）を借りようとしたり、美学に注目しようとしたり（Keeney, 1983）、多様な試みがなされた。

そうして一九八八年、ついにグーリシャンとアンダーソンによってこれまでの家族療法さらにはセラピー全般を書き換える記念碑的論文が発表される（Anderson & Goolishian, 1988）。[註1] その二年後一九九〇年、〝ナラティヴ〟を題名にした本がホワイトとエプストンによって書かれた（White & Epston, 1990）。これらは、ポストモダン・セラピーとも、ナラティヴ・セラピーとも、コラボレイティヴ・アプローチともよばれ、この新たな思潮は〝ナラティヴ〟という標語で浸透し、この言葉を通貨として他分野と連携を可能にした。米国のナラティブ・メディスン、英国のナラティブ・ベイスト・メディスンなど。

結局なにかと言うと、双方向性とインターアクティヴな枠組みがファミリー・セラピーにあったんで、それがポストモダンの思想と絡み合い、ナラティヴという視点が現れた。ナラティヴは、この認識論の実践上に結実したものと考えていい。〝ナラティヴ〟の英単語は前からあって、そこにベイトソンの理論を十分に消化したファミリー・セラピーがナラティヴ・セラピーとして新しい地平を開いたとき、これまでわかりにくかったポストモダン思想の核心が今までにないすっきりした形で見渡せたのだ。抽象や哲学や芸術ではなく、会話という実践形式をとおして提示することができた。結論。二〇世紀後半に顕著となったポストモダンの思想を、ナラティヴという標語がもっともすっきり言い当てたのは、ファミリー・セラピーの分野に関係性言語とその実践があったからだ、これがぼくの見解である。

拙著『やさしいベイトソン』(2008)の中でぼくは、ベイトソンを「機関車」に、ナラティヴを「客車」に喩えたが、ベイトソンの理論的牽引が可能にしたということだ。なので、対話、双方向性、インターアクショナルな言語、つまり関係性言語をもって、ナラティヴはいわゆる昔話や精神分析と違う。その辺よく誤解されやすいが。ナラティヴとはインターアクションによってつくられていく世界のことなのだ。この原則がゆるむと、昔話も精神分析もナラティヴになってしまう。反対にまた、こういうナラティヴの視点を使って精神分析も新たな模索を始めているからおもしろい(Spence, 1984)。

そこで、ナラティヴは語りだけじゃない。しぐさ、表情、聴き手が返す言葉や反応で揺らぎ、行き先を変え、書き換えられる、そんな〝動き〟のことだ。そういう〝動き〟を捉える言語が、ベイトソンらの研究によって手に入った。このとき初めて、仮説検証のために質問を発するのではなく、会話そのものを愛しむ姿勢が合理的なものとなった。会話を方向付けるのではなく、「無知の姿勢」（Not-knowing）と言って、クライエントから教わり会話という主体をひとりの〝参加者〟としてみる姿勢がポストモダンの会話の意義ある一つとなった。「語りが意味する世界」とはそういうことじゃないかと思う。

ぼくらは社会的役割（職業、年齢意識、性別など）から会話することが多いが、そうすると会話は失速する。社会的役割を棚上げして会話すると会話は弾み広がりを見せる——子どもたちと、おばあちゃんと、外国人と。会話は生き物なのだ。成長し進化する。このように会話によって生まれる世界のことをナラティヴという。

これでようやく次の話題に入れるって気がする。しかし、ここまで読んで「つまらない」「なにかちゃう」と思われる方もいるだろう。そういう方は読むのをここまでにしておいていただいてかまわない。これ以降は危険区域に入るかも。

II　「生命の時間」理論化の試み——E系列の時間とは？

では、時空間のうちまず時間から入ろう。小説『モモ』の中で人々から時間を奪っていく「灰色の男たち」。時間泥棒たちは「時間貯蓄銀行」に時間を預けるといいことがあると街の人々をそそのかす。結果、みんなが生活に追われ、余裕と生きる意味を失っていく。人々は慢性的な空虚感におおわれ自らそこから出られない。盗まれた時間を人々に取り戻そうと戦う不思議の少女モモ。

いったいモモが取り戻そうとする時間は、カチカチ言ってる時計の時間なのだろうか？　それはもっと人々の生活に身近な時間ではないのだろうか？　とすれば、時間にはいろいろ種類があるということなのだろうか？

アラスカで動物たちを撮った写真家、星野道夫さんの『長い旅の途上』（2002）の中に時間についてこんなくだりがある。引用する。

大人になるにつれ、私たちはもうひとつの時間をあまりに遠い記憶のかなたへ追いやっている……先日、アラスカの川をゴムボートで下っている時のことだった。川の流れに身を任せながら、ふと前方を見ると、川岸のポプラの木に一羽のハクトウワシが止まっている。急流はゴムボートをどんどん木の下へと近づけ、ハクトウワシもじっとぼくを見下ろしていた。飛び立ってしまうのか、それとも通り過ぎさせてくれるのか、ぼくはただぼんやりとハクトウワシを見つめていた。それはピンと張りつめた息詰まるような時間でもあった。ぼくを見つめているハクトウワシには、過去も未来も存在せず、まさにこの一瞬、一瞬を生きている。そしてぼくもまた、遠い昔の日々のように、今この瞬間だけを見つめている……私たちは、二つの時間をもって生きている。カレンダーや時計の針に刻まれる慌ただしい日常と、もう一つは漠然とした生命の時間である。すべてのものに、平等に同じ時が流れていること――その不思議さが、私たちにもう一つの時間を気づかせ、日々の暮らしにはるかな視点を与えてくれるような気がする。（pp.13-14、p.142）

ここでいう「過去も未来も存在しない」時間とはどのようなものか？　時間は、過去・現在・未来と一体だとあなたは思い込んでいないだろうか？　ハクトウワシとの出会いが、忘れていたもう一つの時間の存在を思い出させるとはどういうことか？　それはかつて子どもの自分が知っていた時間のことだと。それを星野氏は「生命の時間」と呼んでいる。

インターネットを開けてみよう。星野さんばかりではない。「生命の時間」はおおくヒットする、花盛りである——生命保険もふくめて（たしかに生命の時間である）。だが、ここでいう「生命の時間」は、「生きた時間」、「生活の時間」のことだろう。

そこで今回読者のみなさんと、モモが人々に取り戻そうとした時間を、星野さんが「生命の時間」と呼んだあの時間を、ちゃんと科学の言葉で押さえてみよう。詩や小説に出てくるこの「生命の時間」をたんに文学的比喩にとどめてはならないだろう。理論的な枠組みの中にしっかり組み入れ、他分野との共通の言語として使える形にまでもっていこう。そうしなければ社会科学は古ぼけた時間概念から出ることはできないのだ。そんな出口を見つける思索の旅にみなさんと共に出発したいと思う——オレ、行きたくない、という方を残して。ここで下車していただいてもかまわない。さて。

〝日なごうして太古に似たり〟と言うが、子どもの一日は長い長い。早く明日にならないかな——明日の遠足まだかなー?!　こんな感覚ありましたね。え、忘れた？　最近一日経つのが早くて早くて。そういう方には、いい方法がある……一晩中坐禅してみてください。そりゃー長いですよ！

いや、それは時間が長いわけじゃない、長く感じるだけなのだ、という声が聞こえてきそうだ。時間は一つなのだと。しかし、ほんとうにそうだろうか。ある地点から見れば、高速に動く他の地点は違った時間を刻んでいるというのは、二〇世紀物理学の常識だ。絶対時間、絶対空間という前提は物理学が崩した。社会科学者だけが、相も変わらずのんきに時計の時間だけを時間と考えて実験したり、聞き取りしたりしてよいのだろうか。

そんなことあるもんか。時計の針を見てみろ。秒針はしっかり一秒一秒を刻んでいるじゃないか。リアルな時間はあるぞ。でも、それは二重にネジが緩んでいるって。それ、ただ円運動してるだけじゃない？　あれをニワトリは時間と見てないと思う。つまり時は普遍かもしれないけど、時間は「区切り」の問題ではないだろうか。

民俗学者、宮本常一（1984）は日本全国を歩くなか多くの村の古老たちから話を聞いた。明治生まれのその人たちの中には文字を知っている者とそうでない者とがいた。比べてみると、

文字に縁の薄い人たちは、自分を守り、自分のしなければならないことは誠実に果たし、隣人を愛し、どこかに底抜けの明るいところをもっており、また共通して時間の観念に乏しかった。とにかく話をしても、いっしょに何かをしていても区切りのつくということが少なかった。「今何時だ」などと聞くことは絶対になかった。女の方から「飯だ」といえば「そうか」と言って食い、日が暮れれば「暗うなった」という程度である。ただ朝だけはめっぽうに早い。

ところが文字を知っている者はよく時計を見る。「今何時か」と聞く。昼になれば台所へも声をかけてみる。すでに二十四時間を意識し、それにのって生活をし、どこかに時間にしばられた生活が始まっている。(p.270)

「時間にしばられた生活」、この言葉、都会生活に慣れたわれわれには苦く響く。時間とはそのような正体のものなのか？　それは、区切るから存在する、区切らなければ存在しない、というような？　「時の間」と書いて、時間。「時を刻む」と書いて、時刻。ぼくらの知る時間は、何かと何かの間、刻まれたもの。ぼくらの知る時間は、何らかの「区切り」のことではないか。とすれば、それはリズムのことだと言えそうだ。ど

う思う？　区切る行為が時間をつくる――言葉とコミュニケーションが現実を形作るように。

それならナラティヴの考え方と同じじゃないか。そう、同じなんだ。たとえば、「本能」は実体として存在しない。それは説明原理[註2]（explanatory principle）だから。「重力」もそうだ。やはり説明原理である。「時間」もモノとして存在しない、これもやはり説明原理と考えていいのでは？　したがって、区切り方によって時間は違うことになる。時間が存在してるからそれを区切る、という考え方ではなく、区切るから時間があるという側面から考えてみよう。

そう見ることで時間は「存在」の問題から、「区切り方」つまり記述の問題へと移行する、よね。ここまで大丈夫？　いや、大丈夫なもんか。お前の言ってることは結局時間の実在の問題をすっとばしている――たんなる表記の問題じゃないか。はい、たんなる表記の問題、記述の問題です。でも、これが人間生活また自然誌から見たところの〝時間〟ではないのか。先ほどの文字をもたない古老が近代時間をもっていないことを頭の片隅において次に進んでみよう。嫌（？）な方は下車されてかまわない。

では、ご乗車いただいているみなさん、その区切り方のいくつかから紹介していこう。ちょっと呼び名に慣れていただく必要があるが、それらはA系列からE系列までのそれぞれの時間だ。ただ、A系列からD系列までは、イギリスの哲学者、ジョン・エリス・マクタガート（McTaggart, 1927）の命名なのだが、それをここではナラティヴ風に使わせてもらっている。E系列はマクタガートにならってぼくが別に名付けた。拙著『ナラティヴ・時間・コミュニケーション』（2010）に詳しい。

A系列の時間とは、心理的な性格をもった時間のことである。自分を中心にして考えた時間であって、過去・現在・未来という時制があるのが特徴だ。楽しく過ごして時間の経過を早く感じたり、嫌いな宿題をしてまだ三〇分と時間の進みを遅く感じたり、意識の中の時間のことである。A系列の時間は自己が〝いま〟を想定して初めて可能になる時間だ。その人の〝人生の時間〟と言ってもいいだろう。A系列の時間は、ときに長く感じたり、遅く感じたりと、時計のように厳密に等間隔の時間を刻まない。ものごとが起こった順序はたしかにあるが、その順序は歴史的事実から見て異なった順序であることもしばしば。

A系列の時間は未来を想定する性質上、なんらかの目的意識を持ちやすい。今日まで生きてきたことを自伝風に語るとしよう。生年月日や学校を卒業したので語られるだけなら履歴書だ。ところが、その間なにがあって、どのように推移してきたかをプロットする時間は、それとは別のその人の〝人生の時間〟、つまりA系列の時間にプロットされる。まとめると、A系列の時間、つまり心理的な時間は、自分と一体となった方向性をもった変化で、生きるために何らかの目的を果たし、語ることによって意味をもつ主観的な時間ということになる。

では次、B系列の時間。これはご存知、時計やカレンダーの時間のことだ。そこで物理的な性格をもった時間ということにしておこう。これは、自分の人生から離れたところで、自分と関係なく経過する時間である。私たちが寝ていてもB系列の時間は進む、しかも直線的に。この時間には、過去・現在・未来がない。ない!? ないんですよ、時制が。見てください、腕時計を。時計、カレンダー、年表、タイマー、テレビの番組表、これらがB系列である。頭クラっときた? 大丈夫ですね。午前九時は絶対ではないのだ。ロンドンは今何時だと思う?

B系列の時間は、客観的にものごとを測る際に使われる時間だが、自分の外にあり、利用したり、逆にしばられたりする時間だ。文字をもつ古老が身につけた物理的な時間である。このB系列には、過去・現在・

未来がない代わりに、何かが何かの後だったり前だったりということはある。年表がいい例。そこで、私たちは過去・現在・未来という時制がないB系列とそれがあるA系列とを混同することがしばしばである。まとめると、B系列には、時制がなく、時の刻む間隔は一定であり、前に進むという方向性があり、順序がある。なんらかの目安に使われ、なにかの目的をもつ。B系列の時間は直線的に区切られ自分の外にあるものなので自分の生命とは関係ない。言い方によっては「死んだ時間」である。

C系列（正確にはC／D系列）の時間はちょっと変わっている。時間ならざる時間としてこれを非時間と呼んでおく。では、もう一度カレンダーをみてみよう。例えば、十二月のカレンダー、数字が1から31まで並んでいる。これ数字の羅列であって時間と関係ないともいえる。絵として見ても見られるのだ。時計もそうである、棒の円運動とみても間違いではない。メトロノームのカチカチ。これ時間を測定するものだが、たんなるカチカチにも聞こえる。時計もカレンダーもメトロノームも、見方次第でB系列の物理的な時間になったり、C／D系列の非時間になったりする。（非時間のうち、なんらかの数値が増加するものをD系列、増加しないものをC系列とマクタガートは定義した。なので、メトロノームはC系列だが、カレンダーは1～31と増加するのでD系列。以下統一して合わせてC系列の名で呼ぶ。）

なので、C系列の時間は時間の変化を表示しない。でも間隔は一定（等間隔）であるし、順序もある。未来に向かうという方向性はない。目的もない。C系列の時間はいわば時間以前の時間と言えそうだ。それでも時間かって？　はい、今回はそうしておきましょう。時間を考える上で大いにおもしろく、時間の概念を揺さぶってくれる伏兵なのだ。直接人生には使い道がない収穫以前の時間。でも、このC系列という時間への着想こそ、ぼくはマクタガードの最大の貢献だと思っている。

それではE系列の時間。これは対話的な性格をもった時間である。この点少し説明を要するが、言い変えれば、人と一体となった「生きた時間」のことである。上にある星野さんの「生命の時間」がこれにあたる。例で説明してみよう。心臓の鼓動、時を刻んでいる？　はい。主観的なA系列と違い、意識から離れてもちゃんと刻んでいる。寝たら止まるというものではない——そこがA系列と違う。また、客観的なB系列のように外部基準として働いているわけでもない。自分と離れて存在しないのだ。そして、C系列のように、等間隔で停止したような時間以前の時間とも異なっている。鼓動は速くなるぞ。つまり、E系列の時間は、インターアクティヴ（相互作用的）に創られる時間のことだ。生きていることを証明し続ける時間＝リズム（区切り）のことなのだ。

E系列の時間として、心臓の鼓動、脈拍、まばたきに始まり、昼と夜、季節の変わり、星の動き、さらには、それら大自然に呼応した舞い、ダンス、祭り、祝祭までもが、リズムを刻み時間として作動していることが了解できる。E系列の時間は、自分と身体、他人、環境との調和の中にある。その調和とはインターアクティヴな関係をさす。標高の高い所では酸素が薄く心臓や脈拍は影響される。それは、環境との対話関係に入るからだ。環境と身体が相互作用し調整を始める。なので、E系列の時間を対話的と呼ぶ理由がここにある。体内時計って、聞いたことありますね。頭部にある視交叉上核という箇所が統括する体内時計は太陽の光でリセットされる（明石，2010）。E系列の時間はおしなべて環境と相互作用し同調（シンクロ）するという性格をもつ。環境と同調するということは、E系列の時間には空間が含まれることを意味する。

それはいいが、E系列の時間はずいぶん広い領域をカバーしているではないか。そうなんだ、概念としては。でも、それは逆にいいことかもしれない。星野さんの言う「生命の時間」が、アラスカだけじゃないとしたら——寒がりの人にもよくないのか？　冗談はよせ！

では、それでもピンとこないと言われるといけないので、A系列からE系列までを一つの例でまとめて説明する。オーケストラ演奏を想像してみよう。われわれはコンサート開演時間に合わせて会場に向かう。何時開場、何時開演、B系列の時間にそってわれわれは行動する。休憩が終わりみなが着席してさっと演奏は再開される。ジャズクラブのようにアバウトではない。みながB系列の時間を大切にする。さて、オーケストラの楽器には、自分の出番、例えばトロンボーンにはトロンボーンの、それぞれが受けもつ箇所があり、演奏者一人ひとりその時間がある。これはA系列の時間だ。また会場にいる人にも自分だけの意識するA系列の時間がある。今度は演奏から目を転じて楽譜を見てみよう。そこには小節が区切られた〝時間〟が書かれている。ただし動いてはいない。それはそのままではたんなる図柄である。これは非時間、C系列の時間である。でもこれを読んでいくことで時間（演奏）が動き出す。

C系列の時間の大切さをつくづく思う。楽譜も、時計も、カレンダーも、五・七・五の俳句も、時間になる前はC系列なのだ。

さて、コンサートがもしこれだけの時間だったら、なんと寂しいことだろう——演奏者と聴衆、会場が一体となる〝時間〟がなかったとしたら。同調する〝時間〟がなかったとしたら。生き生きとした、一体感ある「ひととき」をつくるためにコンサートがあると言っても過言ではない。動揺したり盛り上がったり感動したりというコンサートの経験を、時間という言語で語ってみよう。これらは気持ちの問題（心理学）だけじゃない。これまではそういう時間には名前がなかった、漠然と「生命の時間」という以外に……一番大事な時間なのに。この対話的時間、生きた時間、もしくはE系列の時間が、オーケストラ演奏本来の面目なのではないか？　もちろんコンサートというイベントが成立するにはどの時間が欠けてもダメだろうけど。ナラティヴから眺めるとこのように時間は多系列に別れる。それらは同時に存在するとも言える。なぜならB系列の時間（時間にしばられた生活）が前面に出てたとしても、体内時計など自分の生命の時間がなくなっているわけではないから。それは生命の時間という声を聴かないでいるだけのことだ。したがって、これら複数の時間は声として多声的である。それぞれの時間が声として重なり響きあっている（バフチン、1995）。ある仮想の会話。

A系列「私はコンサートに行って自分が何を感じどんな体験になるか興味があるわ。どのような時間がもてるか、それこそ人生じゃない？　どんな時を過ごせたかってことが」

B系列「それはだ、その背景にしっかりみんなが基礎におく尺度があっての話だ。自分の時間も経験も、それをしっかり同定できる客観的時間尺度がなければ話にならない」

C系列「ただね、時間を支えている〝時間〟があることも忘れないでほしいな。時間には前提があるんだ。楽譜（C系列）あっての音楽なんだから」

E系列「かかわりがあって初めてできること、そこから始まること。それが生きていることの証しじゃないの？　そこでは演奏者も聴衆も楽器もまわりの空気までもが調和にむかう。まわりと同調することで生きた時間が生まれてくる」

B系列「しかし、それらには優先順位ってもんがあるだろ?! 客観的な時間(B系列)が基本になるに決まっている」

きっとこの会話はまだまだ続くだろう。だが、私たちがA系列からE系列までの系列時間を考える思考それ自体が、その時間の外に身をおいていることに他ならないだろう。思考作業はそれぞれの時間枠を外から眺めて可能になる作業だからだ。すると私たちの時間論は、「時間についての時間」すなわち「メタ時間」ということになる。「メタ時間」を構成するメンバーたちがA系列からE系列までのもろもろの時間たちということになる。それなら、そういう考え方を反映させたらどのように物事を見る見方が変わるというのだ? ではそれをすこし考えてみよう。

絵画を例にとってみようか。画家は構想を考えるにあたって自分の過去や現在(A系列)を見つめる。そこからテーマを定め、日々の日課と完成時期(B系列)に合わせて、その時その場と絵筆と画材を考慮し自らとコミュニケーションをとりながら創作活動(E系列)をする。そうして非時間としての静止画(C系列)を描き上げる。これは、非時間の動かない作品として「永遠の時間」とも言える。さて、C系列である作品は、(時間的に)止まったものだが、鑑賞する人々によって再び対話関係(E系列)に入る。そして、鑑賞者との対話が続く限り〝永遠に〟対話的な関係は続く。よい作品はそういう〝時間〟をもっているのだ。

次にこのことをPTSD(外傷性ストレス障害)からみてみよう。フラッシュバックで思い出される画像をC系列(静止画)と考えよう。静止画像として固定化が起こる前のA系列の物語は辛いもので話せそうにはない。A系列（心理的時間）はC系列（非時間）に回収されてしまうのだ。自分の時間（A系列）は止まったままで前に進みそうにない。外の時間（B系列）だけが自分を置いてどんどん進む。人と接し会話することが負担に思われる一方で、山に登ったり、動物と遊んだり、自然に触れることで、徐々にだが自分が生きていることを実感する。その時間の中にいることで少しだけ安心を取り戻す。その時間は生きていることを証明する呼吸、動作、歩みというようなリズム、時間（E系列の時間）である。生命との対話的なひとときであり、自分の生命とまわりの生命との同調である。そうして心理的時間の針（A系列）が少しずつ動き出す。静止画像にあとさきが加わり、余裕が生まれることでゆっくりだが静止画像も動き出す、動画に近づいていく。そんなときE系列の時間の中にA、B、C系列は含まれている。

しかし、またこんどはB系列（物理的時間）が主役になって、いかに時間を管理してお金を儲けるかと腐心する場合だってある。雑誌『プレジデント』の今月号（二〇一二年一月三〇日号）は、「一億円稼ぐ人の時間術」である。それがわるいわけではない。よく見ると「人生の時間」を大切にともある。ただ、もろもろの時間がおおむねB系列に回収されていると言えるだろう。上のPTSDの場合は、C系列（非時間）の中に心理的時間（A系列）、物理的時間（B系列）、対話的時間（E系列）が内包されていた。つまり、なにが言いたいんだ？　人生観か？　いやそうではない。もろもろの時間をこのような内包関係で考えることで、この時間論がより立体的、動的になるということを強調したいのだ。

その「メタ時間」はどうなったんだ？　それは充分とは言えないので宿題だ。オマエの紙数はそろそろ尽きた。もういい加減にしろ！　ぼくがこの稿で一番言いたかったのは、ナラティヴの視点から眺めると、これまで理論の俎上に上がらなかったE系列の時間が輪郭を現すということなのだ。これが一点。そうは言っても、たんに「生命の時間」のことをE系列と名付けただけの話じゃないか。それにどれほどの意味があるんだ？

マクタガートの時間系列の考え方は、すでに一部の自然科学者、物理学者、哲学者も使って議論をしている（郡司、2008；橋元、2006；入不二、2002）。したがって、時間の系列言語は、社会科学から自然科学まで分野横断的に共通言語として使える可能性があると考えられる。これが二点目だ。E系列の概念が共通言語として仲間入りできたらいいとぼくは思っている。そんな物理学者、待っても現れないさ。物理学自体が怪しくなるからな。そうかもしれない、が期待だけもち続けよう。

では今回はここまでにしなければならない。さいごまでお付き合いいただいたのはあなただけになりましたね。「学習Ⅲ」の未知空間と『正法眼蔵有時』の話、またの機会に、どこかで。

註

1　同じ一九八八年、原名に「ナラティヴ」を冠した医療人類学の重要文献が出版されている。Kleinman, A.（1988）*Narrative Illness.* NY, Norton.（江口重幸・五木田紳・上野豪志訳（1996）病いの語り―慢性の病いをめぐる臨床人類学．誠信書房．）

2　ベイトソンは「本能とは何か」（『精神の生態学』所収）の中で、「本能」や「重力」という概念が説明をある時点で打ち切るための説明原理（explanatory principle）であると述べている。

文　献

アウグスティヌス（服部英次郎訳、1976）告白（下）．岩波文庫．
明石真（2010）こんなにわかった体内時計のしくみ．文部科学教育通信、239.
Anderson, H. & Goolishian, H.（1988）Human system as linguistic system: Preliminary and evolving ideas about the implications for clinical theory. *Family Process,* 27 (4); 371-393.

Bakhtin, M. M.（望月哲男・鈴木淳一訳，1995）ドストエフスキーの詩学．ちくま学芸文庫．

Bateson, G.（1972）*Steps to an Ecology of Mind.* Chicago, University of Chicago Press.（佐藤良明訳（1990）精神の生態学．新思索社．）

道元（1242）正法眼蔵有時．In：水野弥穂子校注（1990）正法眼蔵（2）．岩波文庫．

エンデ，M．（大島かおり訳，2005）モモ―時間どろぼうと，ぬすまれた時間を人間にとりかえしてくれた女の子のふしぎな物語．岩波少年文庫．

郡司ペギオ－幸男（2008）時間の正体―デジャブ，因果論，量子論．講談社．

ホール，E．（日高敏隆・佐藤信行訳，1970）かくれた次元．みすず書房．

橋元淳一郎（2006）時間はどこで生まれるか．集英社新書．

ハイデッガー，M．（細谷貞雄・亀井裕・船橋弘訳，1964）存在と時間（下）．理想社．

星野道夫（2002）長い旅の途上．文春文庫．

入不二基義（2002）時間は実在するか．講談社現代新書．

Keeney, B.（1983）*The Aesthethics of Change.* New York, Guilford Perss.

木村敏（1982）時間と自己．中公新書．

リオタール，J．F．（小林康夫訳，1986）ポストモダンの条件．水声社．

真木悠介（2003）時間の比較社会学．岩波現代文庫．

McNamee, S. & Gergen, K. (Eds.)（1992）*Therapy as Social Construction.* London, Sage Publications.（野口裕二・野村直樹訳（2014）ナラティヴ・セラピー―社会構成主義の実践．遠見書房．［旧刊　金剛出版，1997］）

McTaggart, J. E.（1927）*The Nature of Existence, Vol II.* Cambridge University Press.

マトゥラーナ，H．・バレーラ，F．（菅啓次郎訳，1997）知恵の木．ちくま学芸文庫．

宮本常一（1984）忘れられた日本人．岩波文庫．

本川達雄（1992）ゾウの時間ネズミの時間―サイズの生物学．中公新書．

野村直樹（2008）やさしいベイトソン．金剛出版．

野村直樹（2010）ナラティヴ・時間・コミュニケーション．遠見書房．

リクール、P.（久米博訳、1987）時間と物語（1）．新曜社．
Selvini-Palazzoli, M., et al.（1978）*Paradox and Counter-paradox.* New York, Aronson.
ソジャ、E．W．（加藤政洋訳、2005）第三空間―ポストモダンの空間論的転回．青土社．
ソマー、R．（穐山貞登訳、1972）人間の空間―デザインの行動的研究．鹿島出版会．
Spence, D.（1984）*Narrative Truth and Historical Truth.* New York, Norton.
White, M. & Epston, D.（1990）*Narrative Means to Therapeutic Ends.* New York, Norton.（小森康永訳（1992）物語としての家族．金剛出版．）

第11章

ダブルバインド～ナラティヴ～オープンダイアローグ

ベイトソンから「患者カルテ」まで

はじめに

先日、北見赤十字病院（北海道）で、第四〇回ベイトソンセミナーを開いた。零下のなか夜の開催にも関わらず四十五名ほどの人が集まった。網走からそう遠くないその病院でも、〝ナラティヴ〟は看護師の必須になっていて、いつも誰かが必ず書いていて、それを報告するという一連の体制ができている、と精神科の師長さんが教えてくれた。ナラティヴは、それがどのように理解されているかはそれぞれだとしても、看護の分野においてここまで浸透していることにぼくは驚いた。

翌日、セミナー開催を担ってくれた札幌医科大学の吉野淳一さんと女満別空港での別れ際、彼がこう訊いた。「ベイトソンの相互作用の思想は研究面でも大いに隆盛を見たが、それが今はそうでもないように思う。

（ベイトソンが好きだから）これを残念に感じるのだが、このことをどう考えたらいいのだろうか？」と。それについてぼくは、ベイトソンの知の系譜にナラティヴ・セラピーがあり、リフレクティング・チームがあり、またオープンダイアローグがあることを説明した。翌日のこと、この言葉には勇気をもらったと吉野さんからメールが届いた、「これで私はやっていけそうだ」と。

この稿の目的は、（1）ナラティヴ・セラピーおよびナラティヴ理論の核心、さらにはオープンダイアローグが、ベイトソンの認識論の系譜上にあることを説明し、さらに、（2）ただその「説明屋」で済ませるのでなく、その認識論の中で実際なにができるか形として提示してみることにある。パートⅠとパートⅡがそれぞれに対応する。

パートⅠ　ダブルバインドがもたらしたもの

ブリーフセラピーで知られたジョン・ウィークランドとぼくは長年親しかったが、彼はベイトソン研究班の一人として一九五六年のダブルバインド理論の共同提出者でもあった。ぼくをグレゴリー・ベイトソン（1904-1980）へと導いたキャロル・ワイルダー教授とジョンは親友同士で、彼女のホームパーティに行くといつも赤ら顔のジョンがいた。当時通っていた大学（Stanford University）は、ジョンのいたＭＲＩ（Mental Research Institute）から目と鼻の先でもあったので、何度かＭＲＩを訪れた。ある時、所属する人類学部主催のコロキウムにジョンを講演に招いた。そこでジョンは以前彼が専門とした文化人類学とセラピーとの類

＊　本章は、坪之内千鶴氏（日本福祉大学）との共著である。

似点について講演し、さらにダブルバインドがもたらしたものについて言い及んだ。「ダブルバインド」の意味は、知られるようにコミュニケーションにおける二重拘束状態を指しているが、その真の意義は私たちの認識論を大きく転換したことにある、と彼は言うのだ。

認識論を大きく転換したとはどういうことなのだろうか？　またその意義とはどういうものなのか？　ぼくがサンフランシスコ州立大学の大学院にいた一九七七年頃だった、「なんでも数年前すごい本が出たみたいだ。だけど、みなその内容がよくわからないらしい」といった噂が大学院生の間でささやかれた。それは一九七二年出版のベイトソンの主著『精神の生態学』を指していた（Bateson, 1972）。この大著は四〇年にわたるベイトソンの主要論文を連ねるものだが、収められているダブルバインド理論は中でも認識論の観点から最重要と言っていいだろう。

ダブルバインドとは、親しい間柄で発せられる矛盾したメッセージからくる人間関係上の板挟み状態を指すものだが、これをベイトソン研究班は、スキゾフレニア（統合失調症）におけるコミュニケーションの構図として提案した。この仮説には賛否両論あり、それが原因だとする考え方は現在あまり採用されていない。しかし、一九五〇年代のアメリカの精神医学でなにが起っていたかというと、一つには多くの医師やセラピストが全米各地で、未だ盤石な理論的枠組みをもたないまま、家族の相談に乗るファミリーセラピー（家族療法）をにわかに始めていたことだ。それまで支配的だったのは、個人の中に病理の本態をみようとする精神医学の伝統であり、当時もてはやされた精神力動の考え方であり、またそれはフロイト由来の精神分析の流れを汲むものであった。これらの理論は、人間関係を家族もふくめコミュニケーションのネットワークとして、また相互行為の位相としてみるのに適した言語とは言い難かった。

ダブルバインド理論は、スキゾフレニアを題材にして、「個人」に焦点を当てた心理学用語ではなく、関係性言語（コミュニケーションによる言語）を通して病理の解釈を可能にした。また、その方が場合によってはすぐれていることを具体的に示した。ここに人間関係の見方の基本が再考され、新しい科学の姿と臨床の様式が芽を出すことになる。「個人」にまつわる静止言語の中で医療行為にあたっていた人たちが、それまで燻っていた迷いと葛藤の根源を断ち切ったのは、ダブルバインド理論であった。これによって常に動く現実と相互行為、あるいはインターアクションの変化に対応可能な理論的ツールを手に入れることができた。このののちファミリーセラピーは大きな理論的推進力を得て躍進することになる。

インターアクション、コミュニケーション、双方向性、システムなどの言葉は、初期のファミリーセラピーの特徴をよく表す概念群である。これらの基本路線の上に諸々のファミリーセラピーの流派が次から次へと生まれていった。しかし、一九八〇年代に入る頃には一時の熱狂は冷めて惰性と落胆へと変わり、ファミリーセラピー全体も失速気味となる。それは、この領域が、家族関係やパターンを重視するあまり、個人そのものへの視点をおろそかにしたこととも関係があろう。ファミリーセラピー以前は、「個人の病理」に焦点が当たっていたが、ファミリーセラピーでは、「コミュニケーション・パターン」に焦点があたった。その際、クライエント自身の考え方や、想い、ストーリー、つまり「そのひと」は十分扱われたかという疑問が残ったのだ。そこに光を当てたのがナラティヴ・セラピーである。つまり、ナラティヴは、「個人の病理」でもなく「コミュニケーションの特徴」でもなく、「個人そのひと」に照準を合わせた。

ここで注意点が一つある。インターアクション（相互作用）の考えを尻目にナラティヴ（物語）へと鞍替えしてまったのかというと、それはそうではないのである。インターアクション、コミュニケーション、双方向性、システムなどの基本理念をそのまま保持しながら、個人に注目したところにナラティヴ・セラピーの特徴がある。ファミリーセラピーがベイトソンの認識論を真正面に据えて領域全体の共通枠組みとしたから、ナラティヴという視点が立ち上がったと言える。というのは、「ナラティヴ」は言葉として昔から存在したし、精神分析も言ってみればナラティヴつまり人の語りを聞いて作業してきた。当たり前だが、ナラティヴそのものはファミリーセラピーの専売ではない。にもかかわらず、精神分析や他の諸々の社会科学ではなく、ファミリーセラピーという分野からナラティヴへと架橋をみたのだ。それは、他でもないベイトソンから始まる知の系譜の存在だった。

ちょっと思考実験をするとしよう。「双方向性」（2方向性）の意味を知らない人はほぼいない。しかし、生きる上で「2方向性」を基盤において生活している人は意外と少ないのではないだろうか。双方向性とは、ものごとの成り立ちが行ったり来たりの2方向でできていて、将来も2方向で築かれるというほどの意味である。すると、ものごとの成り立ちが一方向で決定できなくなり、「あの人の性格は、〜」とか「あなたの病気は、〜」とか「この会社の特徴は、〜」など「これはこうだ」と個を断定する静止思考が、ほぼその基盤を失うことを意味する。これは私たちの認識に大きな更改を迫るものである。双方向性はそこまで浸透していくため、ふだんのものの見方は一変してしまう。しかし、この「一変」によって出来上がった専門領域がファミリーセラピーなのである。

今世紀のキーワードの一つ、「ナラティヴ」の一語に辿り着くことができたのは、この「2方向性」という基軸であった。個人という単位に照準を合わせた現代社会で、ファミリーセラピストもふくめ、勢い忘れがちになるのがこの双方向性という基本枠である。ファミリーセラピーは半世紀にわたる歴史の中で大事にしていたはずのこの理念が自然に薄まるにつけ、いくつかのスランプに陥った。そして、そのたびに何度もこの基本に立ち返ることで、新しいものを生んできた。ワッツラウィックらのベイトソン解釈 *Pragmatics of Human Communication*（Watzlawick, et al., 1967）がブリーフセラピーに大きく貢献したのも一例であるし、セルヴィーニらミラノ派の4人組が「ベイトソンに返ろう」として *Paradox and Counter-paradox*（Selvini, et al., 1978）を上梓し、華々しいセラピーを展開したのもこの基軸への回帰によるものだった。

では、ナラティヴ・セラピーとナラティヴ以前のファミリーセラピーとの違いとは何であろうか。端的に言うと、それは観察者（セラピスト）の観察地点を外から内にもってきたことにある。それまで、観察者（セラピスト）は、客観的にコミュニケーション事象を把握できる、いわば研ぎすまされた分析者兼治療者であった。ところが、ナラティヴの登場をもって、語りを聞く「私」も観察対象に含まれることになった。2方向性を徹底し、システム内に位置するセラピストは、出来合いの尺度を使って外部観測する者から、参加するメンバーとして「内部観測者」へとその立場を移行させた。[註1] 同じコミュニケーションでも、内側からの眺めは、それまでの外側からのものとは違っていた。

そうなると、専門家としてのセラピストの役割も、専門知識からクライエントの病理を言い当てる分析者もその存在意義はぼけ始め、代わりにセラピストはその場の会話を促進し、「無知の姿勢」から相手の物語世界を理解しようとする一人の学習者へとその重心を移す。これまでとは違う構えをもったセラピストの登場である。専門性にしがみつきたい者にとっては脅威かもしれないが、ナラティヴは、他でもない、セラピスト自身の更改のことである。一方、「治す者」対「治される者」という構図は崩れ、「共に語り合う者同士」という違った関係を背景に、自由度の高い会話が可能になる。それにつれ、相互理解の深度と斬新なアイデアの自然発生が認められ、新たな治療環境が整っていくことになった。

このようにコミュニケーションにおける外部観測が、内部観測へとその立ち位置を移すことを「ナラティヴ・ターン」という。このとき、それまで使われてきたコミュニケーション工学的な言語の使用が不適切になり、日常的、地域的、文学的で「そのときその場の」言葉づかいの方が適合することに気づかされる。このスタンスの変更が、ロシアの文芸評論家、ミハイル・バフチンの対話の思想と合流することで、さらに広範な影響力を及ぼす理論へと進化していった――「ポリフォニー」、「カーニバル」、「自立した意識」などの豊かな概念群との相乗作用を通じて（バフチン、1995）。

一九八八年、ハロルド（ハリー）・グーリシャンが弟子ハーレーン・アンダーソンと共に *Family Process* 誌に発表した〝Human systems as linguistic systems〟（言語システムとしてのヒューマンシステム）は、もっとも引用回数が多い論文のひとつであり、ファミリーセラピーがナラティヴの認識論へと大きく舵を切った記念碑的論文である（アンダーソンほか、2013）。「サイコセラピーの基本は、行き交う理解、互いへの敬意、耳を澄まし相手の言葉を聞こうとする意志である――病理から離れて、語られたことの〝真正さ〟へと重心を移すことができる偏見のなさと自由さである」と述べて、対話的コミュニケーションをとおして「未だ語られていないこと」を探し当てていく会話を育てることをもってセラピーとした（pp.91-93）。

また、ハリー・グーリシャンの提唱したNot-knowing（無知の姿勢）は、この論文を母体に形成されたナラティヴ理論の真髄とも言える（McNamee & Gergen, 1992）。グーリシャンはこの一九八八年の共同論文中で、四回にわたりベイトソンに言及している。また、彼はベイトソンがまだ無名に近かった一九五〇年代初頭、テキサス州ガルヴェストンに彼を研究上のコンサルタントとして招いたが、現地ヒューストンでは半分冗談に、「ベイトソンを発見したのは実はハリー・グーリシャンだった！」と聞かされたものである。そして、グーリシャンらの論文の二年後に出版のホワイトとエプストンによる *Narrative Means to Therapeutic Ends*（White & Epston, 1990）が、この分野におけるナラティヴへの傾斜を一気に加速させていった。

ノルウェーの精神科医トム・アンデルセンがハリー・グーリシャンに初めて出会ったのは一九八二年のことである、直に教えを受け、テキサス州ガルヴェストンで彼のセラピーに陪席し、また自宅にも迎えられ、その後ハリーが亡くなる一九九一年まで親交を結んだトム・アンデルセン。彼がリフレクティング・チームという画期的な手法に辿り着いたのも、先程の「2方向性」の見事な応用とその展開であることがよく頷けるだろう（Andersen, 1992）。リフレクティング・チームでは、観察者である治療チームも家族に観察される側にまわる。そして、その役割はまた逆転する。治療者とか患者という固定的な役割の構図は崩れ、セラピーの公開性と会話の自由さが格段と増していく。「会話への参加に賭けていく」というグーリシャンの姿勢の見事な展開であり、ベイトソン的2方向世界の具現であろう。一九八八年論文の最後でハリーは、「誰かセラピストによって変えられる人物がいるとしたら、それはセラピスト本人をおいて他にはない」と述べて、会話の世界に身を置きクライエント家族と治療チームがともにそれまでとは異なる表現やストーリーにお互いに立ち会おうとするリフレクティング・チームに賞賛を送っている。

パートII　オープンダイアローグと「患者カルテ」

トムのこの発明の意義は大きい。ファミリーセラピーに限らず、それ以外の分野や日常の会話の形式にまで影響を及ぼしている。この希有な思想家でありセラピストは、惜しくも二〇〇七年に世を去るが、同時代的に北欧で醸成しつつあったオープンダイアローグもアンデルセンの影響をうけて「2方向性」、「公開性」、「無知の姿勢」、「バフチンの対話理論」などをその核心に据えて理論的発展をみせていく。

ヤーコ・セイックラらのオープンダイアローグは、機動性とネットワークを重視した画期的なファミリーセラピーである（Seikkula & Arnkil, 2006；斉藤，2015）。オープンダイアローグは、スキゾフレニアへの治療的手段として、フィンランド西ラップランド地方のファミリーセラピストたちによって実践されてきた。その手法は、急性期の危機状態にあるクライエントのもとへ、依頼から二十四時間以内にチームで出向き、状態が改善するまで毎日患者と家族また関係する人物を交えて対話するというものである。しかし、この介入により、抗精神病薬をほとんど使うことなく、二年間の予後調査で初発患者の82％の症状を再発がないか、ごく軽微なものに抑えるなどの目覚ましい成果を挙げている。

オープンダイアローグは、いわば二つの知的水脈の合流点にある。その一つはベイトソンであり、もう一つは前述したロシアの文芸評論家ミハイル・バフチンである。ファミリーセラピーそのものはベイトソンに負うところが大きく、その「関係性言語」を使って発展と進化を見せた。一方、ドストエフスキー小説の分析に端を発したバフチンの対話に関するすぐれた論考が、対話のもつ可能性を広げ、その経緯を語るに適した概念群を提供した。オープンダイアローグは、グーリシャンの「無知の姿勢」、「言語としてのヒューマンシステム」、そして、バフチンの前述の「ポリフォニー」、「カーニバル」、「自立した意識」などをその理論的背景としている。

実践されるのは、依頼から二十四時間以内に治療チームで患者宅に赴き、家族や友人たちも交え車座に座り、危機状況が収まるまで毎日出向いて対話をすることである。薬物使用についても全員で話し合い、患者本人のいない所でその人の処遇を決定しない。入院治療と薬物療法は可能な限り避け、参加者全員の発言が求められる対話の中で、発言に対しては必ず誰かが応答する。対話の目的は、合意に至ることではない。話し合いの最後で、決まったこと（あるいは決まらなかったこと）の確認をする程度である。

ここでの作業は、早く治療効果を上げるというよりも、コミュニケーション、会話、対話を重視することで、対話そのものが主人公となり、その中に医療者がしっかり身を置くことを旨としている。サイコセラピーの基本は、ハリーが言ったように、行き交う理解、互いへの敬意、耳を澄まして相手の言葉を聞こうとする意志なのである。病理から離れて、語られたことの〝真正さ〟へと重心を移す偏見のない自由さなのだ。グーリシャンのこの言葉を地でいく活動がオープンダイアローグであるように思う。このように、ファミリーセラピーは、ダブルバインドからオープンダイアローグまで基軸がぶれることなく、ベイトソン以来受け継がれてきた伝統の中で次から次へと時代を先取りする発展をみせてきた。

さて、そこでこのオープンダイアローグは、どのようにして日本の土壌に根付いていくことだろうか。これを単なる外国のお伽話にしてはならないと思うのは、ぼくだけではないだろう。オープンダイアローグが日本に根付くとなると精神医療の分野は大きく変わる。精神病院収容型からの脱却、大量処方・大量服薬の見直し、副作用の軽減、年間四〇兆円を超える日本の医療費の削減などなど。これは、遠大な目標、ゴールであり、一朝一夕に行かないことは明らかである。しかし、方向性としては正しいと思うので、そこでささやかではあるが、それらへの一歩をスタートさせた。ぼくは一昨年二〇一四年十二月から「オープンダイアローグ研究会」（Open Dialogue Colloquium）を名古屋市立大学で始めている。[註2] これは、二〇〇一年から続く「ナラティヴ研究会」を発展的に改名したものである。

同時に、オープンダイアローグ研究の一環として精神病院の訪問医療をフィールドに調査を始め、その応用可能性を検討してきた。この共同研究（坪之内、野村）の中から発想されたのが「患者カルテ」である（坪之内、2015）。「患者カルテ」とは、文字通り、患者の書くカルテのことである。いわゆる医療カルテ（現在では多くの場合電子カルテ）は、医師、看護師、医療者によって書かれた公文書を指し、それは、非公開で権威をもった文書でもある（野村、2011）。一方、「患者カルテ」は、患者が自分で自分を診断して書く自分についてのカルテ（Card）である。書くにあたっては、だれか医療者たとえば看護師が、患者とともに書くという協働作業になってもいいだろう。しかし、あくまで患者本人が「患者カルテ」の著者であって、その内容は必ず患者によって確認され承認を得ることが前提となる。

「患者カルテ」の記述内容は自由である。苦悩、困難、将来、可能性、夢、才能、能力、創造などなど。希望や野心、そして「どうしたら自分は治るか」という処方箋。それらは、生活上での出来事や日々の思い、日常感じていること、経験していることである。いわゆる専門用語は使わず、その人固有の言葉づかいや言い回しで表現された、誰にもわかる平易な日常の言葉である。

これを患者が読んで欲しいと思う人にだけ読んでもらう。そして、その応答にさらに応答を返すという相互行為によって構成されていく。「患者カルテ」の読み手が広がり、患者によって新たに選ばれた人のもとに届けられ、徐々に開かれていく対話を実現することによって、患者の社会関係、ネットワークの広がりが可能となる。「患者カルテ」が患者から医療者、家族、友人へ送られた時が、対話のスタート地点であり、それが徐々に「開かれた対話」（オープンダイアローグ）へと広がりを見せる。この手法をわれわれが思いついたのは、調査の精神病院でいきなりオープンダイアローグを導入するには敷居が高すぎると感じたからである。いわば、これは苦肉の策であった。

「患者カルテ」の理論的基盤も、ベイトソン（1972）に代表されるコミュニケーション理論とバフチン（1995）に代表される対話概念にある。患者一人が、あるいは看護師と患者が協働して作成する「患者カルテ」は、患者のおかれた状況や想いを理解しようとする「無知の姿勢」に基づく治療的アプローチであるため、両者の相互行為を通して関係性の発展と新しい自己物語の再構成が進む。これは精神科領域においての核心的課題と言える。「患者カルテ」は、また見方を変えると、看護師が専門的に使うことができるコミュニケーション・ツールでもあり、患者の経験に即した記述から新しい専門性の発揮につながる可能性をもつ。

従来の医療者が書く「医療カルテ」（現在の電子カルテ）とは異なり、患者が「自分のカルテ」として医療者とともに書く「患者カルテ」の意義は大きい。その際、看護師はナラティヴでいうところの「無知の姿勢」でその場に臨む。グーリシャンの「無知の姿勢」は、患者や家族から「教えてもらう」学習者の姿勢、構え、スタンスのことであった。したがって、看護師と患者が協働で作成する「患者カルテ」は、ナラティヴ・セラピーそのものである。

「患者カルテ」を巡る一連の流れに含まれるのは、書き手と読み手の声に留まらない。記述に出てくる人たちの声、また読み手の中に存在する過去に重要だった人たちの声、そこには複数の主体性をもつ声たちがこだましてポリフォニー（多声楽）を形成する。このような対話世界の広がりは、患者自身の世界の広がりと同義でもある。「患者カルテ」においては、異なった視点の交差が対話の領域を広げるが、非公開をなかば公開とし、また本来書く権利のない人である患者がカルテを書くという意味で、そこには関係性の反転、ヒエラルキー的なものの排除、すなわちバフチンの言う「カーニバル」の論理が働くことになる。また、そのカルテは、「自立した一人の人間の意識」として、送られた他者の意識と遭遇し、交渉し、つばぜり合いを起こし、またあるいは同調し、唱和する。

おわりに

ここまで、ベイトソンという水脈が、ナラティヴ、オープンダイアローグ、そして「患者カルテ」にまで及んでいることを説明してきた。「デカルトを書き換えたのはベイトソンだ」は、科学史家モリス・バーマン(Berman, 1989) の言葉だが、ここではファミリーセラピーというもっと限られた範囲でのベイトソンの貢献と意義について力説してみた。ナラティヴとオープンダイアローグが、いずれもダブルバインドという知の系譜上にあることを感じ取っていただけたらうれしい。そして、実際、ハリー・グーリシャンはグレゴリー・ベイトソンに出会い、トム・アンデルセンはハリー・グーリシャンに、ヤーコ・セイックラはトム・アンデルセンに出会った。それぞれの出会いにおいて、この4人が、師から弟子へ何かを伝えるのに程よい年の差であったこともさいごに記しておきたい。

註

グレゴリー・ベイトソン（1904-1980）
ハリー・グーリシャン（1924-1991）
トム・アンデルセン（1936-2007）
ヤーコ・セイックラ（1953-）

1　「内部観測」とは物理学者、松野孝一郎の internal measurement の訳である（松野、2000）。
2　オープンダイアローグ研究会　http://opendialogueworkshop.blog.fc2.com/

文　献

Andersen, T.（1992）Reflections on Reflecting with Families. In: McNamee, S. & Gergen, K. J. (eds.): *Therapy as Social Construction. London; Sage.*（野口裕二・野村直樹訳（2014）リフレクティング手法をふりかえって．In：ナラティヴ・セラピー――社会構成主義の実践．遠見書房［旧刊　金剛出版、1997］．）

Anderson, H., Goolishian, H., 野村直樹著、野村直樹訳（2013）協働するナラティヴ―グーリシャンとアンダーソンによる論文―言語システムとしてのヒューマンシステム．遠見書房．

Bakhtin, M. M.（望月哲男・鈴木淳一訳、1995）ドストエフスキーの詩学．ちくま学芸文庫．

Bateson, G.（1972）*Steps to an Ecology of Mind.* New York, Ballantine Books.（佐藤良明訳（2000）精神の生態学．新思索社．）

Berman, M.（柴田元幸訳、1989）デカルトからベイトソンへ―世界の再魔術化．国文社．

松野孝一郎（2000）内部観測とは何か．青土社．

McNamee, S. & Gergen, K. (Eds.)（1992）*Therapy as Social Construction.* London, Sage Publications.（野口裕二・野村直樹訳（2014）ナラティヴ・セラピー――社会構成主義の実践．遠見書房．［旧刊　金剛出版、1997］）

野村直樹（2011）フィールドノートから考える医療記録．N：ナラティヴとケア、2; 73-83.

斉藤環（2015）オープンダイアローグとは何か．医学書院．

Selvini, M., Boscolo, L., Cecchin, G., & Prata, G.（1978）*Paradox and Counter-paradox.* New York, J. Aronson.

Seikkula, J. & Arnkil, T.（2006）*Dialogical Meeting in Social Networks.* London, Karnac Books.

坪之内千鶴（2015）患者カルテというオープンダイアローグ―精神科訪問看護の新たな可能性．名古屋市立大学人間文化研究科 修士論文．

Watzlawick, P., Beavin, J., & Jacjson, D. D.（1967）*Pragmatics of Human Communication.* New York, Norton.

White, M. & Epston, D.（1990）*Narrative Means to Therapeutic Ends.* New York, Norton.（小森康永訳（1992）物語としての家族．金剛出版．）

第12章 「開かれた対話」の世界へようこそ

本号（『N：ナラティヴとケア』第8号のこと）は、統合失調症への抜群の治療成績をきっかけに今世界が熱い視線を注ぐオープンダイアローグを取り上げる。フィンランド発のこの新しい心理療法、社会支援のあり方に、幅広い専門家の関心が集まる理由は何であろうか。これまでに聞き及ぶその魅力か、日本での応用と発展への期待か、現在の精神科医療体制への疑問からか、また治療効果向上への期待からか、あるいは、医療、福祉の領域以外でもその汎用性を見いだすためか、まだまだ他にもあるかもしれない。あなた自身の期待はどこにあるのだろう。

英語で言うopen dialogueは、「開かれた対話」と言うよりは「開いた会話」と表現した方がぼくにはピンと来る。「オープンな話し合い」という言い方を日本語でもするが、語感としてはそれが近い。opened dialogueではないからだ。「開かれた」とか「開く」という動詞を使うと、「どのようにして開くか」という方法の問題になってしまう。もし、私たちが開けっぴろげな会話をすれば、その話し合いは「開こう」としなくても、すでに「開いている」。

私たちはふつう「コミュニケーションとはわれわれがどうにかするものだ」と捉えがちでる。そのため、自分らよりも大きい大自然としてのコミュニケーションを忘れがちである。開墾され、人の手の入った日本の里山と違い、なだらかな森ととりまく湖の北欧の人為性の跡形の少なさは対照的である。風景からイメージするオープンダイアローグは、「開く技術」という開墾技術の問題というか、むしろ「大自然の見方」、「私たちのあり方」の問題によりウェイトがある気がしてならない。

ただ、そこがオープンダイアローグの難所、急所でもあろう。私たちは、「何かをする」という動詞的な世界において他者よりいくぶん秀でて各領域の専門家になってきた。数式を解いたり、外国語を訳したり、化学式を覚えたり、など。しかし、どうなったら、相手の住む世界が自分の純粋な好奇心の対象になるのか？　どんなありようが、家族や友人ではない相手との「会話を愛しい」と思うことができるか？　専門家育成のカリキュラムからはなかなかその答えが見つけにくい。これらは人生を賭けた問いだから。

そこで、現在日本においても多くの試行錯誤が臨床現場、教育現場、その他で始まっている。この特集号では、共編者の斎藤環さんとぼくの方から十五名の方々に参加をお願いした。ここに集まった十五篇は、フィンランド由来のこの手法を日本で展開するにあたっての見極めと留意点、自らの支援活動への導入の是非と可能性、研究枠組みとしてのオープンダイアローグの意義、この手法を基にした治療ツールの開発、またこの考え方のビジネスへの応用までと、大変幅広い。

そこで、多くの著者が、この手法の理解・吸収という「現在」、および、日本への導入・展開という「未来」を軸に語っているので、ぼくは編者の一人として、「過去」というか、その知的背景を若干述べることで読者の理解の補助線としたい。が、これはオープンダイアローグの歴史そのものではないし、正しい歴史というわけでもない。読者の参考になるかもしれないぼくのストーリーに過ぎない。

エストニア生まれの生物学者ヤーコプ・ユクスキュル Uexküll, J.（1864-1944）が、われわれに「環世界」(Umwelt）という言葉をもたらしたのは二〇世紀の初めである。環世界とは、物理的に存在し生物を取り囲むいわゆる環境ではなく、生物が自らにとって意味あるものを選びだし、それによって作り上げた主観的な世界をさしている。つまり、それは主体から見た環境のことであり、生物が環境中の事物に意味を与えて構成した生活圏のことである。客観的な「環境」とは対立概念にある。例えば、ヒトはクジラやコウモリのように高周波の音波は存在していても感知できないが、ヒトにはヒトの環世界がある。同様、子どもと大人の間にも、異なる文化間にも、また精神科患者と医療者の間にも、それぞれの違う環世界がある。環世界に対して客観的な物差しは通用しない。

この時期、まだ残存していた未開社会（正確には部族社会）の研究で、アメリカの文化人類学者フランツ・ボアズ Boas, F.（1858-1942）は、文化相対主義を掲げ、文化間には一義的に文化の発展を測るスケールのないことを、フィールドワークをとおして力説した。ある文化の方が他のそれよりも優れているとか、より進化を遂げているという通念は間違いだ、とそれらを退けた。もちろんその反動は人類学にも見られたが、ボアズの弟子たち、マーガレット・ミード、ルース・ベネディクト、エドワード・サピア、アルフレッド・クローバーらによって文化相対主義は高らかに謳い上げられた。他の文化を客観的に解釈できるとするメタ・ポジションなど存在しないという主張である。

生物学と社会科学でこのような動きが見られたちょうどこの時期、遠くから新しいサイエンスの槌音が聞こえ始める。情報理論、サイバネティクス、システム理論、コミュニケーション理論など一連の関係性科学の到来である。ここにチャールズ・サンダース・パース Peirce, C. S.（1839-1914）の記号論を加えてもよいだろう。これらの専門分野は領域的に重複しながらも、いくぶん異なる視座から、個体間あるいは集団間の「関係性を科学する」という共通課題を抱えていた。生物とか、社会とか、天文とかの一つのテーマに収斂する学問とは違い、生命現象、物理現象、社会現象などを横断的に「意味の創造」、「記号の行為」、「ネットワーク」などの観点からみていく関係性科学の誕生である。意味は関係性の中に埋め込まれている。

当時、ニューギニアやバリ島でのフィールドワークをとおして自前でコミュニケーション理論の組み立てに奮闘していた人類学者がいた。グレゴリー・ベイトソン Bateson, G.（1904-1980）である。彼が、これらの科学、とりわけサイバネティクスと出会ったのは二〇世紀も半ばに近づいた頃である。サイバネティクスから「フィードバック・ループ」という主要概念を、また数学のラッセルとホワイトヘッドから「論理階型」をもって来たことで、社会科学においてコミュニケーション理論は、context もしくは meta-communication という独特の概念装置を手にすることになる。

言葉の意味も、行為の意味も、context（文脈）抜きには同定できない。言動を、誰が聴き手や聴衆であるか（context）から、切り離して解釈しようという数多の学問には無理があるのだ。パーソナリティも、〜症候群も、発達段階の理論も、目安にはなるが、それらは変化を止めた静止言語である。変化を促すには「変化の言語」を採用しなければ変化は起きない。

これまで単体の心理言語でしか表現されてこなかった精神病理が、ベイトソンらによって関係性言語でもって表現され分析されたのが、ダブルバインド（double bind）理論であった。この理論がやってみせたことはschizophrenia(統合失調症）をコミュニケーションの言語で徹底して解説し分析して見せたことにある。いわば新しい「言語」の登場だったが、当時既存の学問は、これをまともに取り込むことには躊躇した。距離を保ち、かつ矮小化することで既存の体系の中に位置づけ納めようとした。

一方、もとより既存の体系がなかったファミリーセラピーは、この「動きの言語」とその背景の理論を分野の中心に据えた。そこから今までにない形のセラピー、例えば、戦略派、ブリーフセラピー、解決志向アプローチ、ミラノ派などが次々に出現し、その発展が後押しされた。その後の一時的停滞を経て、ファミリーセラピーが、一九八〇年代後半、ベイトソンの認識論に立った上で大きくポストモダンの方角に舵を切ったときに、「ナラティヴ」という実践形式が視野に入ってきた。

「ナラティヴ」という一語に行き着いたのは——もちろんサイエンスの概念としてではあるが——ファミリーセラピーであった。「ナラティヴ・セラピー」という名前を多くの人が聞いたことだろう。ファミリーセラピーが、いっとき停滞、漂流しながらも「ナラティヴ・セラピー」に漂着できた理由はいったい何だったろう。それは、この分野だけがベイトソンとサイバネティクスからの注文を正面から愚直に受け取り、その注文に真摯に応じてきたからである。その注文とは、主にフィードバック・ループ、つまり双方向性と論理階型である。アタマのてっぺんから足のつま先まで、この双方向性という原理から一歩も逃げないで解釈、分析するという覚悟は他の分野の及ぶところではなかった。

それはつまりこういうことだ。ふつうは理論的フレームの外側に、観察者、セラピスト、研究者を想定する。客観性を担保するためである。だが、環世界を思い出してみよう。あえてこれらの人を同じ理論的フレームの中に入れてみよう。その人らを内部に入れこんだとき、つまりそういう専門家もいっしょに分析の対象になったとき、記述する言語形式は大きく変更を迫られる。それまで「三人称」の表現で、「それは、彼は、彼女は～である」というふうに第三者の客観的な言葉で記述されてきたものが、こんどは「私はいま～である、私は～を見た」というように内側からの発言となって「一人称」の言葉へと移行する。ひとりの参加者となることで、誰かを上から外から眺めていたメタ・ポジションから降りるのだ。

「それは～である、であった」という「三人称」の言葉では、時間はふつう止まっている、過去、現在、未来の何処かに。経験する主体を欠いた言葉だから、「三人称」の語り手は、事象を点でしか表現できない。経験の連続性を持っていないからである。そこでは時の流れと連続性が抜け落ちているが、一方、「一人称」の言葉では、時は前に、後ろにと動くばかりか、それらが時の流れとして連続性をもつ――ベルクソンがいうところの「持続」である。こうしてみると、パーソナリティも、～症候群も、発達段階も、時間を止めた言語であることがわかる。「一人称」の言葉では、つまりナラティヴの世界では、こうした理屈でクライエントの止まっていた時間も動き出す。ここまで来ると、私たちは遠い彼方にわがオープンダイアローグの姿を認めることができるわけだが、今まだ一度に話を急ぐわけにはいかない。

理屈で簡単に聞こえるナラティヴ登場のこの経緯も、停滞を抜け出すためのファミリーセラピー内での葛藤や他分野との接触と吸収、そして自らの変革を伴った。ロシアの文芸評論家M・バフチンとの出会いは、ファミリーセラピーにとって領域を超えた大きな天恵であった。ドストエフスキーの小説を「対話的文学」

と呼んだバフチンは、その小説世界がいかに対話の原理によって貫かれているかを圧倒的な分析力でもって——まるで玉手箱を開けるように——開示してみせた。そして、著者であるドストエフスキー自らも時によってその対話によって挑戦を受け「裏切られていく」。メタ・ポジションから降りて著者ドストエフスキーも理論的フレームの中に入ってしまったのだ。人類学はじめ社会科学の中に、まさに「やられた！」という想いと「ただ圧巻」という賞賛とが入り交じった。

コミュニケーション工学派として気取っていられなくなったファミリーセラピストたちは、現状の低空飛行から抜け出すことを真剣に考え始めた。社会構成主義という追い風も彼らを助けた。確固とした客観的現実があって人はその中でコミュニケーションをしているのではない。現実はどのようなものであれ人々が言葉（非言語も含め）をとおして、人とのコミュニケーションをとおして共同制作したものである。共同で描き構成したものならば、共同で描き直し再構成することができる。「社会構成主義」がいうところの「社会」とは、「人とのコミュニケーションをとおして」という意味である。「社会」は、英語でいう〝society〟ではない。〝social〟（社交）という言葉が使われるのは、そのためである。現実は、コミュニケーションという社交が作成していく。

ヒトであろうとそれ以外の生物であろうと、主体にとっての世界の意味はその環世界に埋め込まれていることは前述した。種によって、あるいは遺伝子によって受け継がれ構成された世界が生物にはある。目が見えず音が聞こえず、動物の発する酪酸の匂いにだけ反応するマダニにとって、哺乳類はひと括りにされて全て「獲物」である。その他まわりの事物、事象はマダニにとってはこの世に存在しない。音と視覚がなく、匂い、それも酪酸という記号のみに反応するマダニの環世界は、数少ないシンプルなものだけで構成される意味空間である。マダニの代わりにいくぶん複雑な他の生き物の名前を代入しても、原則は変わらない。

環世界は、コミュニケーション理論で言うところの context と言い換えてもよいが、重要なのは——環世界にせよ、context にせよ——それらが受け身で、静止したただの置物のような舞台装置ではないということだ。環世界も context も主体性（agency）を有している。それは応答を返し、はっきりした声を持ち、何かを制限し、何かを提供する。「もの言わぬ衝立て」とは違うのである。アメリカの心理学者ギブソン Gibson, J. J.（1904-1979）は affordance（アフォーダンス）という言葉を使って環境のもつこの主体性を説明した。「この石橋はあなたに『渡って大丈夫』という認識を与えている、つまりアフォードしている」という具合である。

環境に主体性があるなんてヘンではないかと思われる向きには、同じことをサイバネティクスでは、restraint（拘束）で説明することを紹介しておこう。その石橋をあなたは通過できても、3トンのトラックには無理かもしれない。耐えられる重さに制限がかかっているわけだから、渡り手には「拘束」がかかることになる。この「拘束」は、石橋が afford したもの、つまり情報である。主体性と言ってもそういう意味なのだ。拘束がはたらく範囲の中から生物は選択して自らの行為を決める。荷物を減らして2トンにして通過する、または他の橋へ回る、などである。渡り手からみると行動を選択していることになるし、石橋からみると渡り手に制限（restraint）を掛けている、つまり与えて（afford して）いることになる。渡り手と石橋の関係は、生物とその環世界との関係である。

環境に主体性（agency）を認めるにあたって、私たちはようやくプレイヤーだけでなく、その context の主体性にも足を踏み入れることになる。環世界、文化相対主義、関係性の科学、ナラティヴ、アフォーダンスと経て、私たちはこれまでのサイエンスが認めてこなかった、プレイヤーたちが作り上げていく会話そのものの主体性に目を向けていくことになる。「会話という主体をとことん信じてもいい」、これは勇気のいることである。ハリー・グーリシャン Goolishian, H.（1924-1991）が、ファミリーセラピストとしてこのような世界に入っていったとき、周りは彼が何をしているのかわからなかったらしい。何もしていないかのように見えた。熟練した名だたるファミリーセラピストたちにもわからなかったという話は有名である。ハリーは、ただそこでの会話を信じ、会話を育てていただけだった。

会話をどう操作しようとか、相手をどうもっていこうか、ということからグーリシャンは離れて行った。純粋な好奇心をもって――これを「無知の姿勢」（Not-knowing）と彼は呼んだが――自らが会話の一部となり、その会話の変化、進化とともに、自分もその一部として変化、進化していく。バフチンが描いたドストエフスキーの姿がそこに重なる。会話上意味あることとして話題になったコミュニケーションの世界が、そこに現れる環世界である。それは、絶えず形を変え続ける現在進行形の時空のことである。意味も、善し悪しも、時間までもが、この環世界の中での出来事となる。

時間は、外部から公平無私に時の流れを測っているなにものかではない。環世界から眺めれば、そういう時間は幻であるとともに、「死んだ時間」である。時間の意味は、生の context の中で多様に決まっていく。ナラティヴの中で私たちは現在から過去に時を戻す。そこに自己が語る物語がある。未来から現在へと時が流れる。そこにミラクル・クエスチョンがありアンティシペーション・ダイアローグがある。「生きた時間」

は、相互作用あるいは対話として存在し、互いの歩調、歩尺を合わせ、その「時刻合わせ」（time alignment）において進行する。それは自分と切り離されることなく一体となった時間のことである。したがって、物語が書き変わるというのも、一方向的、平面的な話ではない。

対話や会話という主体性に助けられて物語は書き変わるのだとすれば、問題は誰かが「解決する、消す」というよりも、「消える、見えなくなる、解消する」と言ったほうがよい。ここまで来ると、私たちのオープンダイアローグはすでに目前にある。ハリー・グーリシャンは、一九五〇年代まだ無名に近かったベイトソンをテキサスに講師として招き、以来ベイトソンから大きな影響を受け続けた。そのグーリシャンに二人のすぐれた弟子があった。そのひとり、ノルウェーのトム・アンデルセン Tom Andersen（1936-2007）が、北欧からリフレクティングという新しいまさに「転回の手法」を届けたとき、その意義を即座に理解し、誰よりもよろこんだのが、ハリー・グーリシャンであったことは、ぼくには容易に想像がつく。オープンダイアローグは、リフレクティングをその重要な一部として展開されてきたが、その理論的起点にグーリシャンがいる。そして、その系譜を遡ったところにベイトソンとバフチンがいるように思う。

ここまで、ぼくが眺めるオープンダイアローグの理論的景観を述べてみた。次の著者たちからは、もっと雄弁に内容そのものが語られることだろう。論文提示の流れとして、実践、取り入れ、応用、研究、批評的位置づけ、というラフな順番で並んでいることを付け加えておきたい。

第13章

書評 『幽霊たち』／『大聖堂』

今日は素敵な二人の訳者による素敵な二作品を紹介したい。ポール・オースターとレイモンド・カーヴァー。アメリカのポストモダン作家という点で共通するものがあるかもしれないが、これらの作品の雰囲気はずいぶん違う。なぜ、これらの本を紹介するのかって？　聞かないでください。でも二つとも確実にぼくたちを何処かへ運んでくれる「力」を持っています。物語の持つそういう力とはいったい何でしょう。まずは、『幽霊たち』から……。

この小説は、風変わりな、というか哲学的な探偵小説といったところだろう。『ロング・グッドバイ』などに登場するレイモンド・チャンドラー小説の名探偵フィリップ・マーロウとはおよそ正反対の探偵小説である。

まずブルーがいる。次にホワイトがいて、それからブラックがいて、そもそもの始まりの前にブラウンがいる。ブルーは私立探偵で、ホワイトは事件の依頼人だ。ブラックを見張るためブルーを雇う。ブルーはブラウンに探偵業を指南してもらった。

仕事はきわめて単純。ブラックを見張り、その報告書を定期的にホワイトに送ることだ。ブルーはブラックのアパートの向かいに部屋を借りて見張りを始めるが、ブラックは読書と書きもの、それと散歩するくらいで他に何もしない。完全に孤独な生活をしている。いつまでたっても何も起こらない。ブルーは解決すべき謎が何かわからなくなってくる。

問題が何なのか、本当の物語はなにか、それを自分は何より知りたがっている。しかし、徐々にブルーは、自分がただ単に他人を見ているだけでなく、自分自身を見ていることに思い当たる。これは俺の人生の物語なんぞではない……はずだ。しかし、この一週間のことを忠実に記述しようとすれば、俺がブラックについて夢想したさまざまな物語も書き入れる必要があるのではないか。

ブルーは見張りを通してブラックに親近感をもつが、心の葛藤は続く。そもそもホワイトは何のためにこんな依頼をしてきたのだ？　これでは進歩はゼロ、一生この部屋に留まって見張りつづける刑を科せられたようなものだ。ブラックについて多くの情報を得たものの、自分は結局何もわかっていないという事実。こんな馬鹿な話があるわけない。もうだめだ、息ができない。

やがてブルーはブラックを見張らなくても、彼が何をして、どこに散歩や買い物に行くかがわかるようになり、ブラックを置いて外出するようになる。自分のアパートに帰ってくればちゃんとブラックは元通りに生活をしている。しかし、次第に見張られているのは誰なのか、疑問が生まれる。

＊　ポール・オースター著（柴田元幸訳）『幽霊たち』（1986）／レイモンド・カーヴァー著（村上春樹訳）『大聖堂』（1971）

報告書の受け取り場所を見張ることで、やがてブルーはホワイトがブラック本人だということを突き止める。そして変装してブラックに接触し、ブラックには自分という見張りの存在が必要なことを知り始める。ブラックの部屋に忍び込む。が、とても人生とは言えない質素な生活をしているブラック。そこには、彼の読むヘンリー・ソローの書いた『ウォールデン』という本とブラックによって書かれた数百ページの原稿。

ブラックの心の深い悲しみを感じ（たと思った）、ブルーは変装せずにブラックを訪ねるが……。ブラックは銃を構えてブルーを部屋で待っていた。これで物語を終わりにしようとするブラック。彼から銃を取り彼を叩きのめすブルー。気絶したブラックは死んでしまったかもしれない。ブルーはブラックの書いた数百ページの原稿を読む。彼はそこに書かれた物語をすっかり知っていた。ブラックはブルーのことを書き続けていたのだ。だが、その話は実はまだ終わっていない。最後の瞬間がまだ書かれず残されていたから。

なが―い出口の見えない行き詰まった関係のトンネルを抜けたブルー。が、そのあと彼はどこに行くのだろうか。外国か、天国か、それとも？　ここから未来は、白紙の物語。無限の可能性。ブルーはその広大な自由に恐れ慄くのか、それとも果敢に自分の残りの人生を書き進むのか。『カラマーゾフの兄弟』の最後のシーン――中学生に訓示するアリョーシャと彼の前に広がる広大な未来と茫漠とした大地を想いおこす。

問題は何で、ほんとうの物語は何か。自分は結局ここで何をしているのか。見ていたはずのものは実は自分の自画像か。何もホントはわかっていないという事実。自分は一体誰なのか。これが小説の主人公ブルーだけの問題だろうか。われわれ人類学者のフィールドワークはこういう自問自答の連続だ、何者が何しにきたのか、という自問自答の。臨床家にとってもじつは切実な問題なのではないだろうか。

「盲人が私のうちに泊まりに来ることになった」……で始まる『大聖堂』には三人が登場する。「私」とその妻、それに妻の友人である盲人のロバート。妻は以前その盲人の秘書をしていた。二人は一〇年あまり会っていなかったが、その間、手紙でなく、録音テープで交友を続けてきた。盲人は伴侶を失ったばかりだった。盲人の元を離れてから妻も当時の結婚相手と別れたり……。二人はともに悲しみを分かち合ってきた。しかし、「私」（現在の夫）は盲人の来訪をうっとうしく感じる。妻の大切な友人だとわかっているのだが、盲人とどうやって時間を過ごしたらいいのかわからない。

盲人が到着する。彼は四十代後半でふさふさとあごひげをのばし、がっしりとした体格で頭ははげ上がり両肩は下がっていた。こざっぱりとした服装で、朗々とした声で私に挨拶した。妻は喜びを素直に表し、あれこれ盲人の世話を焼く。一方、今ひとつのれない私を妻はなじる。ソファで夕食前の食前酒を飲んだ。ステーキにポテトにパン、盲人のロバートも上手にどれもきれいに平らげる。そして、食後のストロベリーパイも。食後、また居間に戻り、二、三杯の酒をみなで飲む。妻とロバートは、この一〇年間の二人の身に起こったことを話し合った。

部屋着に着替えてくると言って妻がいったん二階に戻ると、私と盲人はテレビをつけ、天気予報とスポーツダイジェストを聞いた。「ヤクでも一緒にすいませんか」と私が誘うと、「それじゃおつきあいして試してみるかな」とロバート。酒のお代わりをつくり、二人ですい始める。妻が下りてきて匂いを感じとがめるが、彼女も加わってすい始める。やがて妻は、疲れと酔いとで、うとうとすると言ってその場で寝てしまう。「疲れませんか？　もし疲れたら上に連れて行ってあげますよ。もう寝ます？」と私は聞く。「もう少し起きているよ。もし迷惑でなければ」と盲人は答えて、二人でテレビを見る。

テレビは中世の教会を映し出していた。私は他の番組のほうがいいと思ってチャンネルを回したが、結局もとのチャンネルに戻した。こんなのですみませんと私が言うと、彼は、それで全くかまわない、耳はついているから自分はそれから何かを学べるから、と言う。骸骨や悪魔の行列祈祷式のあと、テレビはある大聖堂（カテドラル）の姿を映し出した。飛梁があり、尖塔が雲にむかってそびえていた。「ものすごく大きいんです。巨大です。石造りです。大理石が使われていることもあります。その昔、大聖堂が建設されていた頃、人々は神に近づきたいと熱望していたんです。その頃、すべての人々の生活の中で、神は重要な位置を占めていたんです。大聖堂建設は、彼らの信仰心の反映であるわけです」

その輪郭を語り、建設の経緯を説明できても、私には大聖堂の何かを盲人にうまく伝えることはできない。盲人にその姿は見えないし、大聖堂そのものがしっくり理解できない。

私は、信仰心は持っていないし大聖堂にとくに興味があるわけでもない、とロバートに告白する。やがて、盲人は思いついたように私に大きな紙とペンを持って来てくれないかと頼む。私は妻の部屋からペンを捜し、台所にあった紙のショッピング・バッグをコーヒー・テーブルの上に広げる。「よろしい。これでいい。描くとしよう」と彼は言って、ペンを持った方の私の手を探り当て、その上に自分の手をぴたりと重ねた。「さあ、描いて。いいから描いて。あなたの動きを追っていくから、大丈夫だよ……」。変に思いつつも、私は描きつづける。どんどん描く。「いいねえ、素晴らしい。その調子だ。ねえ、まさか、こんなことをやる羽目になるとは思わなかったでしょう。人生って、おかしなもんだよね。さ、続きをやろうよ」

目を覚ました妻は状況をまじまじと眺めた。いったい何が起こったのかわからない。「いいんだよ」と盲人は妻に言い、私たちは続きをやった。私は盲人に言われるまま、目を閉じた。私の指の上には彼の指がのっている。私の手はざらざらとした紙の上を動きまわる。それは生まれてこのかた味わったことのない気持ちだった。

たんたんとつづく物語から最後のドラマを予告することは難しい。思わぬ展開が待ち受けていると「私」も「盲人」も知らない。もちろん「妻」もだ。曲がり角を曲った瞬間、突然開ける新しい世界。それは連続しているはずなのだが不連続だ。だが実は、単調に長くつづく物語があってはじめて転機は訪れた。急変、転調、変異への転換点はどこにあるのか。潮の変わり目は見えるのか。それを突き止める方法とは何か。どのような力がもう一つの方向に私たちを押しやるのか。それも知らぬ間に。その「分水嶺」を越えさせる者は誰か。

人類学者グレゴリー・ベイトソンは学習IIという言葉で、あらたな論理の段階（論理階型）に進む上位学習に光を当てた。量的変化ではなく質的変更をともなう学習。それは「学習することを学習する」メタ学習のことであり、今までこびりついた慣習知識を脱ぎ落とす「逆学習」でもある。生きること、しいては生存と進化に深く関わるタイプの学習。霊長類学を始めた今西錦司に誰かが、人類はどうして他地域でほとんど同時に立ったのか（二足歩行のこと）と聞いた。彼は困ってこう答えた、「それはな、立つべくして立ったんじゃ！」と。その神秘の「瞬間」を語る言葉を、文学はどうやらもっているのだが。

この二つの作品を結ぶものは何か。まず、ぴんと来るのは「意外性」という言葉だ。銃を構えているブラックを誰が想像しただろうか。ブルーも、読者も。「大聖堂」の中で、盲人をうっとおしく思っていた「私」が、最後にはお互い手と手を重ねて絵を描くとは誰が想像しただろう。このような思わぬ展開、想像できなかった変化について語る手立てはサイエンスにはないのだろうか。そういう言葉やそれらを考えていく道筋はいったい何処にあるのだろうか。

文　献

ポール・オースター（柴田元幸訳、1995）幽霊たち．新潮文庫．
レイモンド・カーヴァー（村上春樹訳、1997）大聖堂．In：レイモンド・カーヴァー傑作選．中公文庫．

野村直樹（Nomura Naoki）
1950 年生まれ。スタンフォード大学大学院文化人類学専攻（Ph.D.）。
名古屋市立大学名誉教授。

主な著書・翻訳書
『みんなのベイトソン』金剛出版、2012
『ナラティヴ・時間・コミュニケーション』遠見書房、2010
『協働するナラティヴ』遠見書房（アンダーソン＆グーリシャンとの共著）、2013
『やさしいベイトソン』金剛出版、2008
アンダーソン著『会話・言語・そして可能性』2001（共訳）、金剛出版
マクナミー＆ガーゲン編『ナラティヴ・セラピー──社会構成主義の実践』遠見書房（野口裕二との共訳）、2014

ナラティヴ探究
──ベイトソンからオープンダイアローグへのフィールドノート

2025 年 4 月 20 日　第 1 刷

著　者　野《の》村《むら》直《なお》樹《き》
発行人　山内俊介
発行所　遠見書房

遠見書房
〒 181-0001 東京都三鷹市井の頭 2-28-16
株式会社　遠見書房
TEL 0422-26-6711　FAX 050-3488-3894
tomi@tomishobo.com　http://tomishobo.com
遠見書房の書店　https://tomishobo.stores.jp

印刷・製本　太平印刷社

ISBN978-4-86616-218-8　C3011